Hedir Al-chalabi

RAI ÎNTUNECAT

Coperta şi ilustraţiile: Sofia Klemenco

Tehnoredactare: Călin Chendea

Descrierea CIP a Bibliotecii Naţionale a României
AL-CHALABI, HEDIR
     Rai întunecat / Hedir Al-chalabi ; ed.: Ioan Matiuţ. - Arad: Mirador,
2012

Editura MIRADOR
miradorul@yahoo.com

Hedir Al-chalabi

RAI ÎNTUNECAT

Arad, 2012

Cuvinte înainte puse

Cu mare mirare şi mare dragoste am primit sarcina de a scrie un cuvânt înainte pentru cartea poetei Hedir Al-chalabi, intitulată „Rai întunecat", compusă din 93 de poezii. Sfântul Maxim Mărturisitorul, maestrul numerologiei creştine, defineşte numărul 9 ca hotarul dintre materie şi formă, iar numărul 3 ca egalul şi inteligibilul. Printr-o minunată coincidenţă – ori poate nu... – poeziile din cartea de faţă stau sub semnul cunoaşterii care depăşeşte materia şi forma prin înţelegere şi simţire.

Autoarea exprimă prin versurile Domniei Sale o damnare a scrisului, o predestinare străbătută de o teatralitate maiestuoasă a imaginii: „Mă ascund după paravanul interzis/ Şi scriu fără oprire.../ Scriu cât timp mâna mea/ Va mai putea căra candela".

Scriitoarea are o viziune proprie asupra timpului, personificat în diferite forme, prezent în aproape toate modurile, personale şi impersonale, uneori ca un amant, alteori ca divinitate, de cele mai multe ori ca mister curgător, care generează viaţă – îndoială, ştiinţă, frică, dezamăgire, speranţă... – dar care, inevitabil, „naşte" moartea:

„Timpul e cheia către nemurire/ (...)/ Promite-i nesingură-tatea..."

Lirismul poetei este străbătut de o anumită răzvrătire, de un sentiment revoluționar, de o luptă cu sinele și cu ceilalți. Are o dorință imperioasă de a-și impune mesajul, de a ne feri de propria noastră suficiență prin incitarea la existență a eului nostru: „Încetați gălăgia!/ Toate mă dor" (...); „Fură-l, ascunde-l, închide-l/ Pe undeva prin Univers, aruncă-l!" (...); „Ce atâta ne domnim?/ Nici măcar El nu ne cere lucrul ăsta." (...); „Afurisita noapte/ Nu mai aduce dimineața" (...); „Plângeți mai mult/ Caduc e totul!(...)."

Pe alocuri discursul poetic devine „pictural". Fresce și tablouri pline de încrâncenarea vieții dar și de suferința exprimată în diferitele ei aspecte vin să ilustreze trăirile poetei: „Pe frânghie mă ridic/ Nu știu dacă atinge până la eternitate/ Dar tu mă-mpingi în sus".

Unele poezii conțin versuri lungi, explicative, ilustrative, care pentru a nu priva ritmul poeziei de armonia necesară, sunt transformate în ingambamente judicios alese, astfel încât să nu dăuneze incantației poetice:

> „Obosită la fel și ea
> de-atâta timp stătut."
> „Cele care îți aduc aminte
> de durere și mortalitate."
> „Sperând să se înduioșeze,
> ... capul să nu-ți fie retezat."
> „O explozie ce a șters de pe fața pământului
> ...tot...
> Ce a lăsat în urmă doar cenușă"

(Se vede mai sus un ingambament absolut original, format din trei versuri, legate între ele de atât de inspiratul „tot", care este precedat și succedat de cele trei puncte ale anonimației pre și post comunicative...)

„Se lasă rece, eşti prins
... devorat, devii pământ.”

Autoarea uzitează frecvent asociaţii din care rezultă afirmaţii şi concluzii surprinzătoare, generatoare de etos proaspăt: „Norii aduc primăvara peste noapte/ şi sfâşie luna în două/ Iarna a aşteptat să vină ploaia/ Să poată alerga spre altă lume/ S-o facă mai rece.”

Din punct de vedere al conectării la „trend” – ul, la moda, la direcţia în care se scrie poezia actuală, dar şi din acela al propăşirii unor vechi aspiraţii, forme şi idei, poezia autoarei nu se încadrează în niciun „sertar”. Este în schimb o poezie care îşi revendică dreptul la originalitate; autoarea nu se exprimă prin clişee, nu epatează printr-un modernism căutat: autoarea – şi poate aceasta ar trebui să caute toţi cei care scriu – se exprimă pe sine, fără prejudecăţi stilistice.

Sensibilitatea poetică de excepţie a autoarei creează tropi de forţă, în care energia sublimării artistice emulează din jocul de imagini pline de vitalitate exprimate prin cuvinte lipsite de preţiozitate: „Aşternutul nu îl mai poţi numi aşa/ E o plasă din sârmă ghimpată/ În care tu şi eu dormim”; „LUMÂNĂRI CUSUTE/ Aş coase lumânări topite”; „Oasele-i zdrobite se preschimbau în pulbere”; „Păsările înveninează cerul”; „Te-ar răni întoarcerea privirii mele?”; „Baricadaţi, respirau prin spărturile din zid”; „Zăpada s-a înnegrit de timp/ Treptat şi râsul ni s-a murdărit”; „caut lebăda/ Ce cu răbdare dezmierda întreaga zi”; „Bătrâni în trup de inocent”; Veşnic stau să văd cum plâng/ Nebunii-n cimitire…”; „Somnul oferind milă şi speranţă/ Vorbele să se târască!”; „Picurii dau tonul dansului/ Pulsul se înalţă în cercuri”; „Îndurerarea-ntemniţată-n flăcări”; „Oglinda spartă ascunsă-ntre spini/ (...)/ Miros de neviaţă”. Autoarea foloseşte cu nonşalanţă, siguranţă de sine şi abilitate punctuaţia pentru a exprima şi a susţine, pentru a sublinia nuanţele discursului său poetic.

Poeta comunică intens cu cititorul, uzând parcă de întreaga sa ființă. Scrisul său are o caracteristică stilistică importantă: poeta este mereu prezentă, chiar şi atunci când versurile ne vorbesc despre subiecte „impersonale". Poeta invită la comunicare, este avidă de comunicare. Obligă la comunicare. Iată cum se exprimă aceasta: „Sunt aici,/ Fă un pas şi-s lângă tine."

Deşi la prima vedere poezia autoarei pare a avea un epism tragic, este de fapt, de cele mai multe ori, o imagine picturală, aproape un tablou; receptăm mai degrabă un fel de tablou baroc, cutreierat de o energie statică, într-o imobilitate tensă, plină de întrebări puse ori presupuse, de răspunsuri aleatorii, contradictorii, paradoxale ori ineluctabile: „Cicatricile hipnotizează carnivorii/ Agresivi atacă şi sfâşie./ Fiarele provoacă coşmar sângeros/ Mutilat, zgârii podeaua/ Prin crăpături încerci să evadezi/ Spre centrul pământului/ Ca un războinic faci incantaţii/ Magia se fărâmiţează/ Nici viermii imploraţi/ Nu te mai devorează."

La unele dintre poezii ultimul vers este o concluzie, o rezolvare, un răspuns la întrebarea/ întrebările puse. Uneori concluziile sunt concluzii – „început". Acele poezii creează doar premisele unei treceri. Poate „marca înregistrată" a poetei sunt tocmai aceste „poezii intrigă" (dacă ar fi să preluăm un termen ce ţine de proză ori dramaturgie...), care creează un „aici" ce este de fapt o promisiune pentru „dincolo", un „dincolo" care conţine în sine promisiunea unei experimentări, care oferă cititorului libertatea incitantă de a crea continuarea pe care şi-o doreşte: „Luna mă leagănă/ Şi trăiesc povestea ireală de dragoste/ Tu ai cheia către lumea mea/ Şopteşte vraja."

Scriitoarea Hedir Al-chalabi are unele elemente prezente constant în discursul său: dragostea neîmpărtăşită, luna, soarele, flacăra/ focul, noaptea, iarna, oglinda, Dumnezeu, destinul, timpul (viitorul, trecutul, pasaje de timp, anii/bătrâneţea, sunetul trecutului, liniştea prezentului, străvechiul, eternitatea, anotimpul), carnea, cicatricea, viermii, putreziciunea, călimara, degetele pătate de cerneală (adică sufletul scriitoarei purtând impresiile damnării de a scrie, de a „simţi" şi „comunica" prin scris).

Poezia autoarei este una infuzată în cele mai mici detalii de trecerea implacabilă, tristă, spre sfârşitul ca moarte, a timpului. Aceasta este permanent conştientă de această perpetuă moarte, de această dizolvare spre anihilare, a sinelui în timp.

Am întâlnit un vers cu sonorităţi de verset biblic:

„Dacă ar fi fost orb nu ar fi fost oprit de la nimic"

În căutarea sa poeta pune iar şi iar „un nou început": „LACRIMI DIN CER/ Azi am început din nou să cred".

Gnoza poetică determină autoarea la afirmaţii de genul celei cuprinse în versurile următoare: „Nu mai refuz să mor/ Vreau să văd ce-i în spatele cerului".

Poeta este în aflarea „cărării" către însuşi sinele ei, aşa că vede dureros cum: „Sângele curge pentru că şi-au pierdut cărarea".

Poezia autoarei are şi o latură mistică, o căutare a divinităţii, o „nelinişte metafizică". Ne bucurăm totodată că autoarei i s-au descoperit măsuri gnostice de felul celei exprimate în versurile următoare!...: „Suflet tulburat fără lumină/ Aduce gerul mistic."; „Ţi-ai grăbit moartea/ Înainte să primeşti viaţa veşnică"; „Sunteţi îmbibaţi cu necreaţie/ Acum între mine şi stele nu mai există secrete/ Între mine şi stele a dispărut spaţiul".

Unul dintre cei mai greu de folosit tropi, paradoxul, este utilizat de autoare cu naturaleţe, în versuri cum sunt acestea: „Măndrept spre ani, fugind de timp/ Nu am nici dreptul să mor/ Cum nici dreptul de a trăi nu îl am".

Poeta caracterizează destinul tragic al femeii printr-o apoftegma versificată, fără pretenţii moralizatoare, ca un fel de constatare resemnată la adresa destinului trist al celor ce se află pe calea largă a pierzării, care – „Atrase de viață/ Poftesc la cei pierduți" – își aștern un pat al propriei suferințe...

Interogația este pentru autoare un mijloc „semi-maieutic": poeta conștientizează prin întrebări neliniștile și gândurile sublimate, incertitudinile „neîntrebate", ale sale și ale cititorului, fără însă a-i oferi acestuia din urmă răspunsuri. Ori poate răspunsurile sunt cuprinse în chiar întrebările puse. Important e dialogul, importantă e ieșirea din tăcere, din împietrirea lipsei de comuniune, din imobilitatea stearpă. Hedir Al-chalabi luptă împotriva „necunoașterii, uitării și nepăsării trândave", așa cum e definită ea de textele filocalice: „Îți aparține viața?"// „Cine plânge pentru tine?"// „Cine crezi că-ți va presăra flori proaspete pe mormânt?"// „Ce vezi atunci când mă privești?/ Ce gust au lacrimile?/ Ce simți când glasul îl asculți?/ Te-ar răni întoarcerea privirii mele?/ Sau dacă în urmă aș rămâne?"// „Ce contează adevărul?/ (...)/De ce nu întâmpinați cu demnitate frica?".

Alăturările de cuvinte creează corespondențe surprinzătoare, inedite, dar nu forțate. În cazul de față, sunetul așternut lângă culoare, conotă o anumită bogăție a „comunicării" tăcute și denotă o reală „suculență" a simțirii poetice: „ȘOPTIND CULOAREA".

Profesiunea de credință a autoarei este exprimată prin versuri ca acestea: „Osul e cioplit de literă"// „Cartea am încercat să n-o strivesc/ Lumina nu a mai intrat în ea/ Literele s-au transformat în răni adânci".

Dorim să încheiem scurta noastră incursiune pe tărâmul atât de minunat al poeziei scriitoarei, cu poezia pe care o considerăm cea mai reușită din selecția pe care o prezintă în carte, și pe care o considerăm una dintre cele mai reușite creații ale liricii române actuale:

„CÂNTAREA NOPŢII

Ţi-aş săruta piciorul
Ce ţi l-am spălat cu mosc
Dar te privesc vrăjită
Cum gura ta vorbeşte
În limbi necunoscute
Iar ochii îţi sticlesc a oază nevăzută
Veşmântul auriu
Împrăştie mirosul deşertului neîmblânzit şi leneş
Iar eu buimacă de atâta farmec
Mă balansez ca-n leagăn de copil.
Şi-ţi cânt ca şerpii visători
Despre gheţarii neatinşi
Încet tu te-ncovoi
Balsamul vocii mele
Îţi relaxează gândul
Iar tu, ca pânza ce se-ntinde
Te-apleci lângă mine
Şi îţi aduci aminte
Privelişti demult apuse.”

Credem că o coeziune fericită, emulativă cu textul poeziilor îl au şi ilustraţiile artistei Sofia Klemenko, ilustraţii care vin să expliciteze în chip fericit poezia autoarei.

Concluzionăm că această recentă reuşită publicistică a poetei Hedir Al-chalabi constituie un moment de referinţă în lirica românească actuală, un moment de referinţă în peisajul poetic contemporan.

E.L.S.E.

CORABIA PUSTIITĂ

Ţărmul s-a preschimbat în alge şi scoici,
Iar valurile nici nu se mai aud,
Sirenele nu se mai văd în larg
Nici vocea care cântă înspre ţărm.
Mirosul trist se simte pretutindeni
Parfumul norilor pluteşte peste tot
Îndepărtata lume s-a înecat în mare,
Iar duhurile visătoare dezleagă vechi mistere.
Sorbind din spiritul lor
Ne scufundăm în larg,
Corabia pustiită
Steagul şi l-a îngropat.

CANDELA ASCUNSĂ

Mă ascund după paravanul interzis
Şi scriu fără oprire...
Scriu cât timp mâna mea
Va mai putea căra candela.
Totuşi e o lampă...
Obosită la fel şi ea
       de-atâta timp stătut.
Urechile au obosit de-atât sforăit!
Încetaţi gălăgia!
Toate mă dor,
Umbrele formate pe perete
Îmi istorisesc lucruri neînţelese.
E târziu.
Noapte bună.

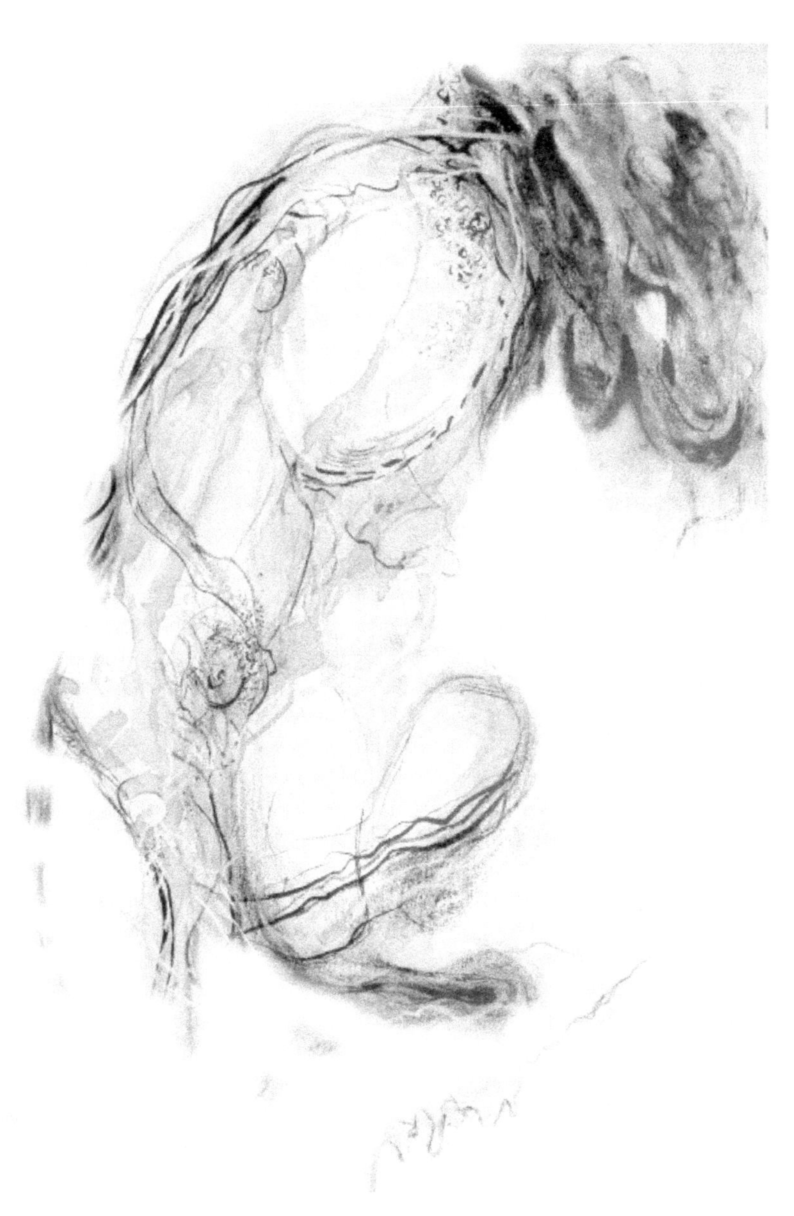

TIMP UCIS

Timpul e cheia către nemurire:
Fură-l, ascunde-l, închide-l
Pe undeva prin Univers, aruncă-l!
Dispersează-l printre stele
Promite-i nesingurătatea...
Şopteşte-i linişte să facă,
Iar ochii să-i închidă!
Blochează iala,
Lasă timpul să moară!

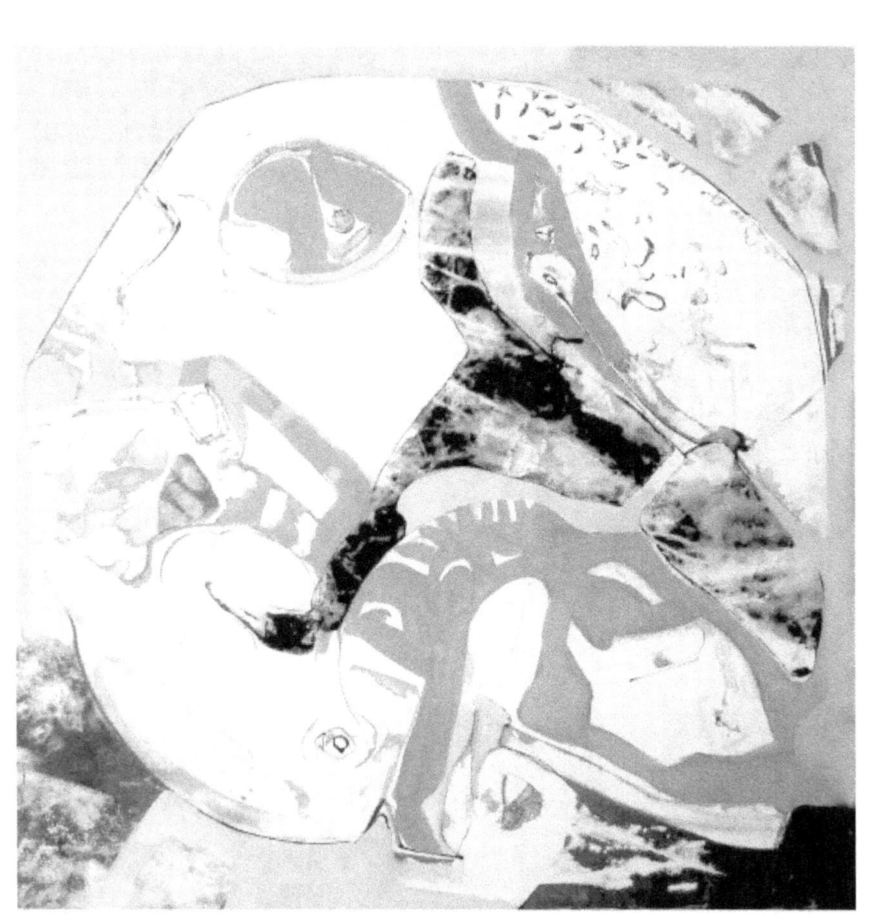

VIITOR RĂMAS

Pădurea a înghiţit neprihănirea
Vijelia leagănă nemurirea,
Vorbele întunecate îneacă viitorul
Paradisul e un trecut din vis...
Suspini în căutare
Infinitatea slăbită se face tot mai mică.
Muşcă şi înghite cu poftă Timpul
Devorează Prezentul
Să rămână doar Viitorul!

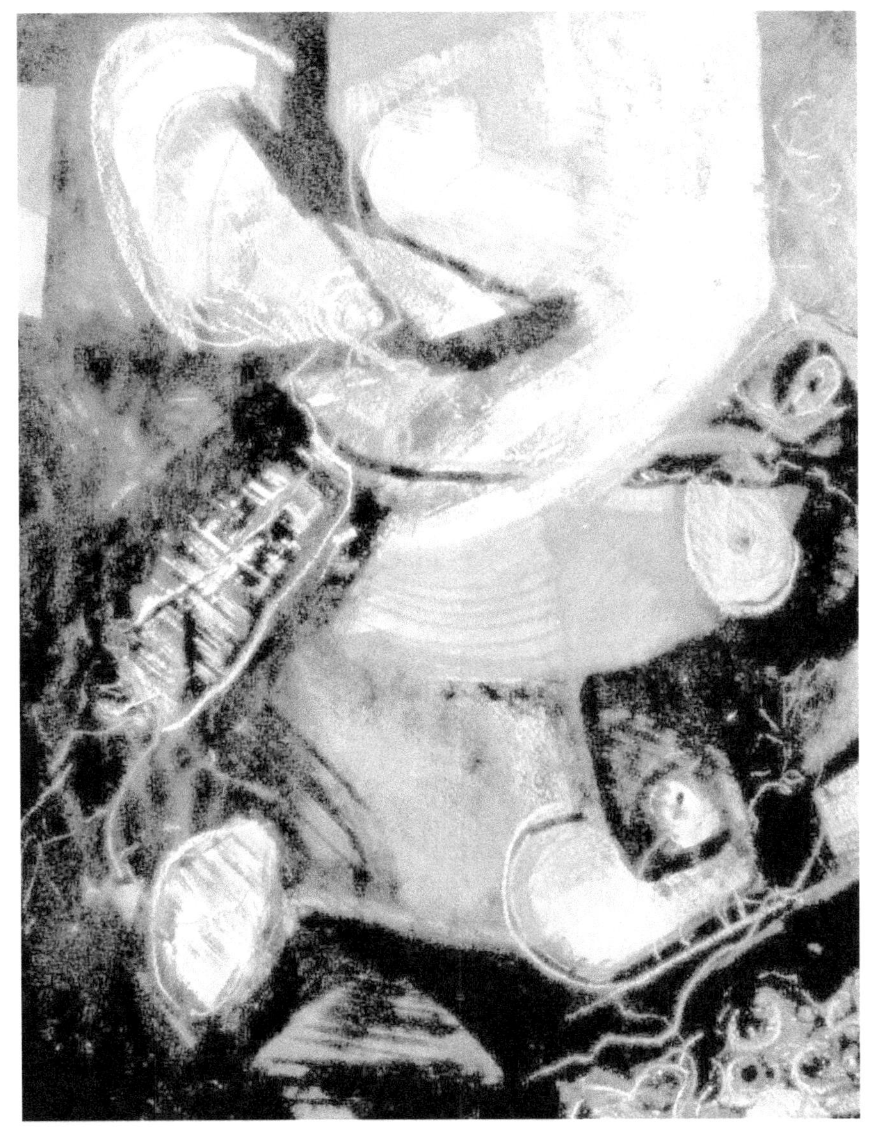

DOMNIREA

Ce atâta ne domnim?
Nici măcar El nu ne cere lucrul ăsta.
Te domnești și ceri domnirea
După cum știi – măreț tu nu vei fi!
În veci ca El speri să domini Universul?
Nu poți stăpâni nici o mână de oameni.
Eu și El suntem la per tu
Ne permitem.
Ne-am împrietenit demult
Știe că-L respect...
E și mai convins de dragostea ce I-o port.
Așa că eu și El nu ne mai domnim.
Te distrează neputința!
Mă frapează ignoranța!
Ai orbit de la vacarmul ce te înconjoară!

DRAGOSTE RESPIRATĂ

Învârtindu-te prin viață
Îmbrățișezi momente eterne;
Cele care îți aduc aminte
          de durere și mortalitate.
Norii aduc primăvara peste noapte
Și sfâșie luna în două.
Iarna a așteptat să vină ploaia
Să poată alerga spre altă lume
S-o facă mai rece.
Iubirea ta doare atât de tare
Încât mi-aș fi dorit să nu fi existat niciodată.
Dragoste respirată și suferită
Care i-ar fi sensul?

FRÂNGHIA NEÎNTRERUPTĂ

Mi-aş dori să-ţi pot citi în ochii-ţi trişti.
Temător tu mă priveai.
Cum puteam să-ţi spun că nu te-nşeli
Că ce ai simţit e real?
M-ajunge iadul,
Pe frânghie mă ridic
Nu ştiu dacă atinge până la eternitate
Dar tu mă-mpingi în sus.
Nu-ţi ologi picioarele,
Ascunde-te înăuntru
Adu-ţi aminte ce momente ai trăit,
Experienţa sfântă doar cu mine o poţi avea
Trupul tău te ţine întemniţat,
Dar mereu îţi aminteşte că nu eşti singur.

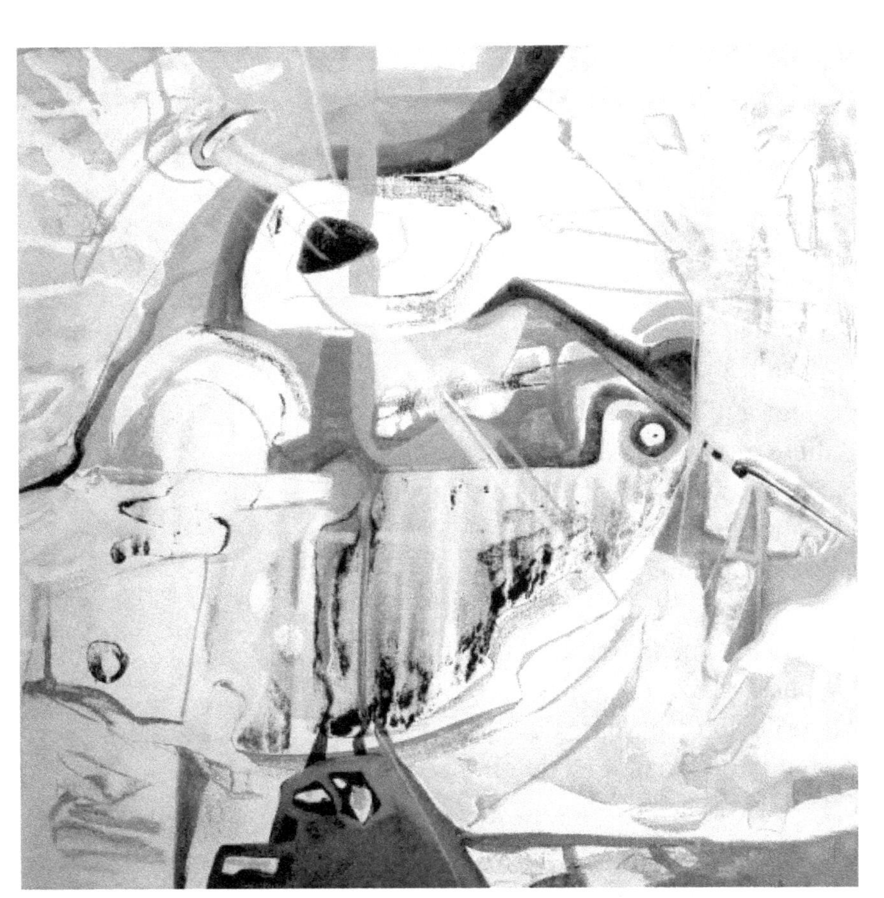

VIETĂȚI CANIBALE

Mamă, tată e doar unul
Dar îndrumători sunt mai mulți,
Îngeri și mai mulți...
Cu toții și-au împărtășit povara,
Au cărat-o și-au spurcat-o.
Ce loc să le oferi la fiecare?
Suflete infinite se găsesc în împărăția veșnică!
Ne vom revedea curând cu toții acolo,
Ne vom fi pentru eternitate
Îngeri fără nume a tuturor.
Nu știu de ce ochii au început să vadă
Insecte mișunând peste tot
De parcă placajul,
Materialele învelitoare de lucruri
Ascund mușuroaie de vietăți
Ce ne savurează de vii
Asemenea canibalilor.
M-aș ascunde, m-aș spăla,
Dar simt că-s urmată oriunde m-aș duce.
Ardeți tot, nu mă mâncați de vie.

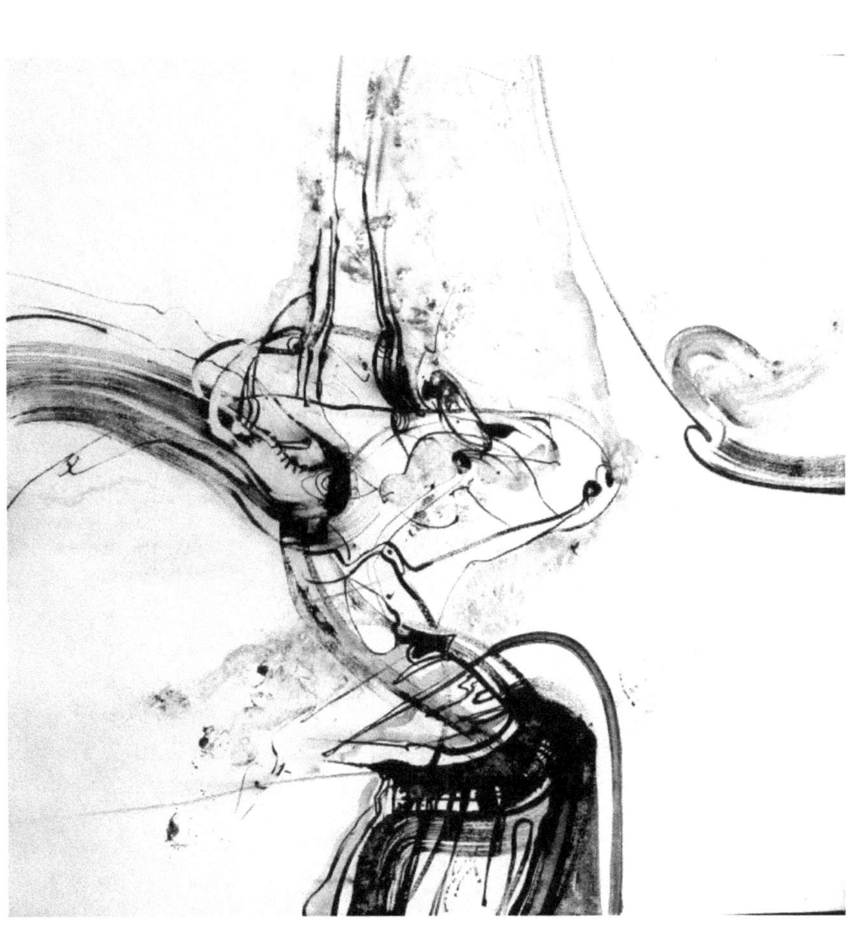

Hedir Al-chalabi

RENAŞTERE DIN FOC

Cum să adorm departe de tine?
Chiar de mi-ai spune şi ai avea putere
Cum ai putea tu oare să te-nchini
Să îmi ştergi visul?
Îţi voi citi în vise
Să te văd adormind,
Să schimb trista soartă
Rana a vindecat-o.
Dragostea cicatrizată să o înveleşti cu tine.
Căzut în locul îngheţat,
Te-am încălzit ca dragostea să nu dispară
Te-am învelit cu inima,
În trup să-ţi pompeze sânge
Să te renaşti din nou din foc.

SÂRMA GHIMPATĂ

În grozăvia mea de viață
Mă alin cu gândul că undeva
Într-un colțuc de lume
Cineva,
Se răsucește la fel de singur
Ca și mine.
Așternutul nu îl mai poți numi așa
E o plasă din sârmă ghimpată
În care tu și eu dormim
... separați de lungi distanțe...
Și oameni reci.
Cu răbdare am început să împletesc sârma.
Ajunge poate la tine.
Sunt aici,
Fă un pas și-s lângă tine.

MAGIE DEVORATĂ

Cerneala proastă nu mai scrie,
Închipuirea grotescă nu se sfârşeşte,
Cicatricile hipnotizează carnivorii
Agresivi atacă şi sfâşie.
Fiarele provoacă coşmar sângeros.
Mutilat, zgârii podeaua;
Prin crăpături încerci să evadezi
Spre centrul pământului,
Ca un războinic faci incantaţii!
Magia se fărâmiţează,
Nici viermii imploraţi
Nu te mai devorează.

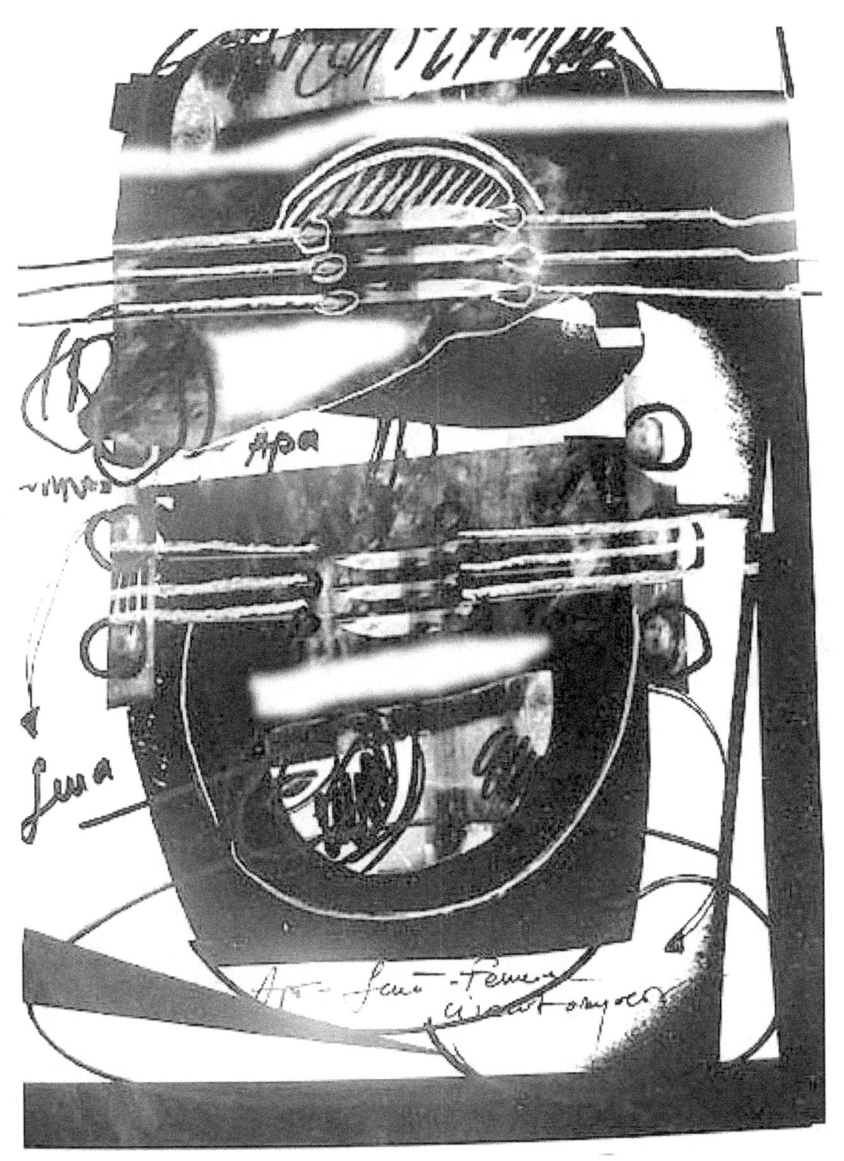

RANĂ CERATĂ

Soarta s-a schimbat
Cicatrice-adâncă a lăsat,
Rana s-a cicatrizat
O acopăr, tu o descoperi!
Îţi place să torni ceară fierbinte
În locul odată rănit.
Ţi-ai dori să retrăiesc amintirea timpului trecut.
M-aş fi născut din foc...
De aş fi putut
Nici gheaţa să nu-mi poată sta în cale.
Acum cicatricea o ascund,
Tu o arăţi întregii lumi.

VRAJA NEŞOPTITĂ

În fiecare zi e sărbătoare,
Anotimpul se schimbă peste noapte,
Luna nu-şi mai ascunde zâmbetul în nori,
Somnul nu mai e însingurat...
Luna mă veghează.
Ştiu că mi-ai şopti vorbe magice
Care ar face două Luni din una,
Una să mă învelească
Alta să mă ocrotească...
Nu ştii însă că în visul meu
Luna mă leagănă
Şi trăiesc povestea ireală de dragoste:
Tu ai cheia către lumea mea
Şopteşte vraja!

VIS SPULBERAT

M-am trezit când Dumnezeu m-a strigat.
Credeam că-mi Va povesti lucruri mărețe,
Dar M-a trezit să-mi arate lumina ce ardea.
Erau flăcări imense ce mă-nconjurau,
Eram prinsă în vis.
Mă condamnase la flăcările iadului...
Mă îndepărtasem prea mult de El,
Mă pedepsise pentru evadarea mea;
Şi brusc o mână am simţit.
Trezită plângând...
Dumnezeu mă salvase.

LUPTĂ INUTILĂ

Zilele însorite s-au încheiat.
Nu cred că se va turna pământ peste tine;
Trăieşti în perioadă de război,
Cu răutatea zi de zi te lupţi.
Nu ştiu cum ai ajuns acolo...
Grădina frumoasă, stejarii înalţi
Sunt doar o amintire,
Au trăit doar o vară.
Totuşi lumea asta
E mult prea bună pentru tine.

CONFESIUNE

Destinul îşi plânge ruşinea,
Ghearele aduc amintirile chinului crud.
Boala înspăimântă prezentul,
Viitorul e sfâşiat de remuşcare.
Cărămizi cărate de păsări negre...
Bătrâneţea zbârcită, tremurândă
Îşi plânge amarul...
Trâmbiţa nici măcar nu mai răsună,
Confesiunea a fermecat cavoul...
Locul de veci e pregătit.

LUMÂNĂRI CUSUTE

Aş coase lumânări topite
Să încălzesc Luna ascunsă...
Scâncetele sunt jertfa celor lipsiţi de raţiune,
Dansează pe acorduri fine,
Partitura nu se sfârşeşte,
Singurătatea este spulberată,
Flacăra împrejmuieşte Luna...
Păcatele se încălzesc
Nici în noapte nu pălesc.

SURORI DE SÂNGE

Aşteptam primăvara să zburdăm;
Ea, sângele meu
Descopeream lumea împreună.
Ne-am fi plimbat libere pe malul apei,
Am fi adulmecat aerul de primăvară,
Ne-am fi ascuns de furtună
Chiar pe sub copaci bătrâni,
Ne-am fi fost surori mereu.
La fel ca Luna, Soarele, Pământul, Apa, Focul
Am fi dansat prin frunze căzute
Jucându-ne cu razele de soare.
Dar toamna când revine
Ne înfofolim şi ca Luna
Una merge la somn, cealaltă răsare...
Cu toate astea,
Sângele apă nu se face...
Surori vom fi şi la apus şi la răsărit.

PIETRIFICAREA

Omul de piatră e ascuns pe undeva:
I-ați făcut degete și ochi din piatră,
Nu mai poate să citească, nici să scrie.
Dacă ar fi fost orb nu ar fi fost oprit de la nimic!
Acum omul de piatră nici nu poate să respire;
Este trist că ați distrus piatra
Ați omorât ființa!
Iarba nu mai crește
Lemnul s-a asfixiat
M-aș întinde lângă el,
Dar nu cred că mă mai simte
E deja pietrificat.

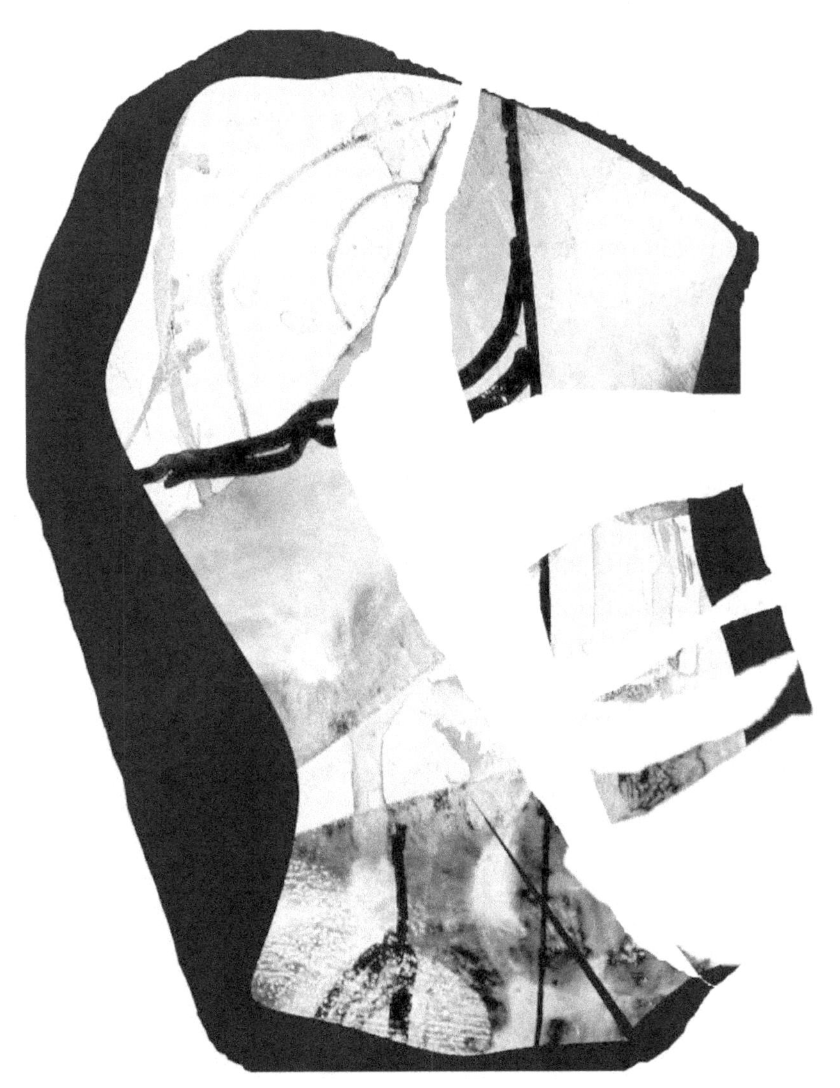

ÎMPĂRĂȚIA CREDINȚEI

Fără credință vom pierde împărăția!
Vorbele nu au valoare
De ce ar fi auzite?
Faptele, păcatele vor duce moartea
O vom gusta cu toții...
Mă tem și eu de ea.
Vom pierde întreaga avere a lumii
Cine se va ruga pentru noi?
Fac cu mâna celor salvați
De ce m-ar vedea?
Și-au pierdut credința
Eu nu mai văd pe nimeni.
Totuși ne-a revenit credința
Și facem cu mâna celor mântuiți.
Ne salută și așteaptă.

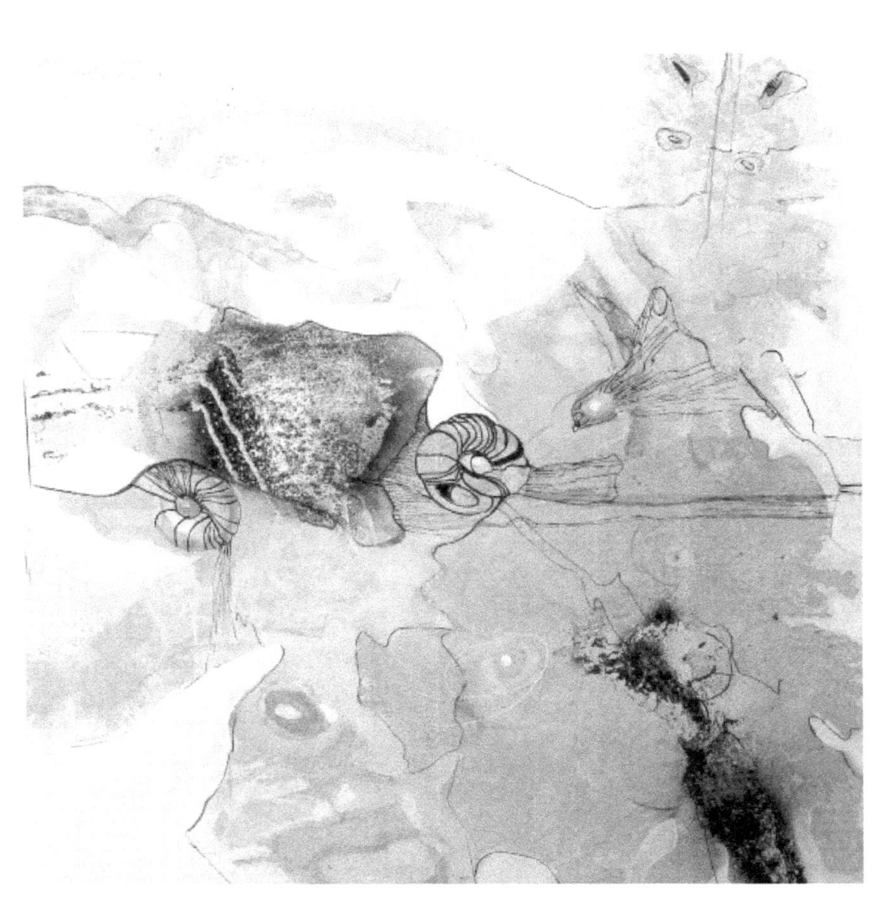

LACRIMI DIN CER

Azi am început din nou să cred
Ieri parcă nu mai simțeam rugăciunea.
Azi nu mai văd poteca
Nu-mi mai simt nici cicatricea
Am amorțit probabil.
Am văzut minele timpului
Ei chiar au crezut și au rezistat în timp.
M-aș elibera de judecăți și de credințe,
Crud e finalul întregii lumi!
Aș plânge la căpătâiul lor...
Al fiecăruia...
Totuși azi am început să cred
Cred că nu mai trebuie să plâng eu
Pentru că El o va face pentru toți.

VIOARA ÎNTRISTATĂ

Amar ți-e glasul,
Nici lingoul nu-ți poate cumpăra eternitatea!
Mărturiseşte taina răzbunării
Şi bestia ce-n prăpastie ai aruncat-o!
Forma şi-o schimbă şi-mprăştie parfum fermecător,
Vioara s-a întristat de vântul rece
Vânt ce nimiceşte tot în cale,
Rege al Pământului nu vei fi în veci
Cum nici vulturul n-atinge cerul.
Înveleşte-te cu lemn uscat
Mucegaiul să te învăluie
Şi lasă-te înfrânt de mâhnire.
Pata va mucegăi, iar glasul amar
Va deveni otravă.

BÂNTUIT DE SOARE

Mi-aş odihni ochii în eternitate,
Aş alerga prin pasaje de timp
Să nu îmi mai fie trupul eclipsat de beznă
Şi nici inima de amărăciune.
M-aş îndrepta spre soare,
Aş face câte-un pas
Să simt cum mă topesc rănile...
Ar curge sângele împovărat de ani,
Nu mi-ai mai rumega carnea sângerândă,
Negrul calm ar dispărea,
N-ai mai săruta pielea îngheţată,
N-ai mai îmbrăţişa trecutul;
Doar de lumina soarelui ai fi bântuit
Pentru că eu aş fi devenit unul cu el.

LUPTA CĂRĂRILOR

Diavolul încearcă să-şi marcheze teritoriul,
Vrea să renegăm tot ce-i sfânt...
Să ne lăsăm vrăjiţi de tentaţie,
Să devenim suferinzi de ruşine,
Să fim seduşi de dorinţe,
Să ne topim credinţa în neîncredere,
Să fim placaţi cu durere,
Corpul să înnebunească în faţa pasiunii.
Ţi-ar zâmbi mamonul dacă nu ai simţi repulsia
Şi te-ai lăsa sărutat de suferinţă.
Nu te lăsa sedus, fii tu cel seducător,
Arată-i cărarea.

EXECUȚIA

Zeița s-a mirat când n-ai făcut plecăciune.
Eşarfa de la gâtul tău
Îți ascundea funia ce o pregătiseşi
...pentru ea.
A refuzat să te ducă pe drumul fără tragedii.
Dorea să decazi.
Fă plecăciunea! Nu fi surd!
Vei fi executat pentru sfidare!
Nu vezi că şi cerul, luna, stelele râd?
Nu-ți simte nimeni compasiune
Îngenunchează!
Vrei să ajungi să te târăşti
Şi să inspiri umbrele nopții?
Îngenunchează, fă plecăciune
Nu vei mai fi renăscut!

PROPRIUL PRIZONIER

Muribundul a scăpat din tribul sângeros;
Tulburat, simțea cum se sufocă;
Oasele-i zdrobite se preschimbau în pulbere.
Labirintul l-a dus la fortăreață;
Casa părăsită ascundea un sarcofag.
Bolnăvicioasa teamă din fața viermilor ce mișunau
Se afla în camera morturară.
Cu gândul la umeda iarbă
S-a blindat lângă mumia putrezită de vreme;
Devenise prizonier în propriul acvariu,
Cu unghiile zgâria pereții tapetați de larve;
Mirosul de cenușă l-a adormit pe veci.

SOARTĂ NEFERTILĂ

Te-aş lăsa să mă priveşti dormind,
Dar nu te-ai vindecat încă de tristeţe...
Ai refuzat să-mi plângi amarul,
N-aş vrea să-ţi văd chipul trist
Şi nici mândria lovită, bântuită
De cei lipsiţi de suflet.
Prefă-te că-i real!
Mă tem că nu rezişti
Atâţia pierde-vară
Ce doar cu arme merg prin viaţă,
Fugăriţi de soarta nefertilă
Din răsputeri s-ar da la o parte,
Dar sunt trădaţi de picioarele sclavilor.
Nu te mai simţi însingurat...
Ţi s-a îndeplinit dorinţa,
Am adormit.

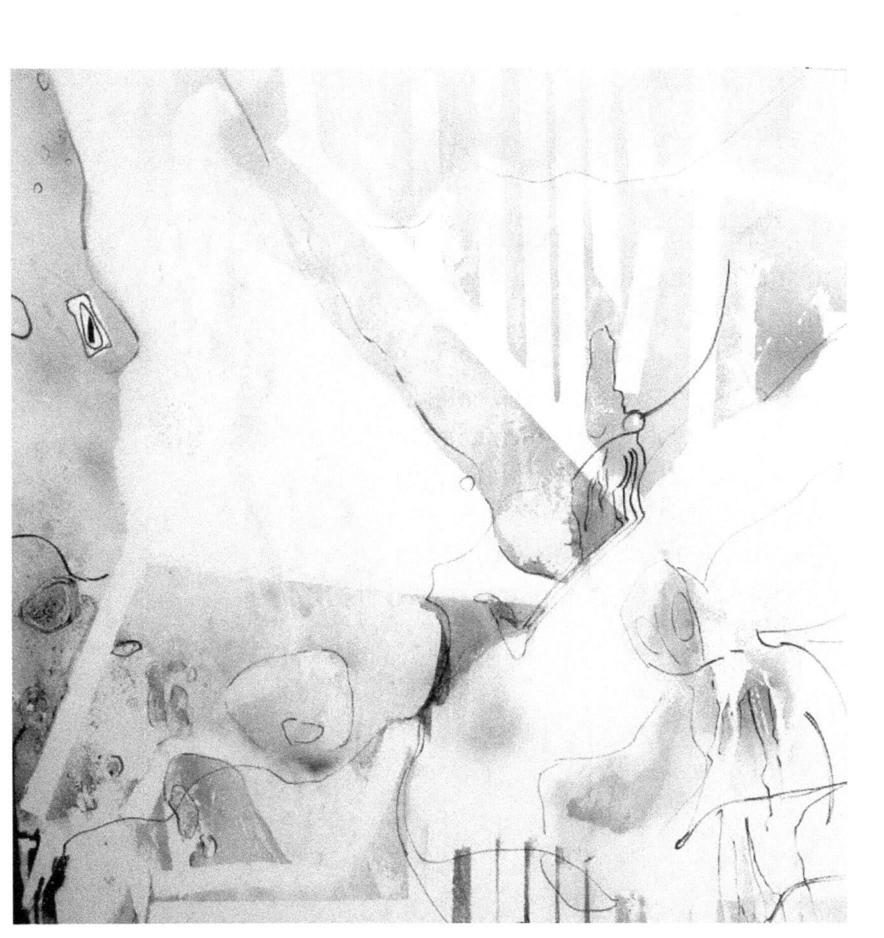

DECEPȚIONAREA

Mă bântuie sunetul trecutului,
Liniştea prezentului mă-mpovărează,
Mizeria vieții ne înghite,
Leşin în fața întregii lumi.
Averea au furat-o cu ani în urmă...
Au devenit avari şi au omorât şi bunătatea,
Au început să bântuie condamnații,
Aşteptând prea mult dragostea;
Şi pentru că e pe cale de extincție
Au hotărât să-L decepționeze pe Dumnezeu.

AMINTIRI RĂTĂCITE

Duhuri plimbate pe aripi ascunse,
Forme pierdute în spațiu,
Poeme fără ecou rătăcite prin înălțimi,
Cuvinte mânjite de timp,
Țărmul ascunde cimitire de amintiri.
Însetați și înlănțuiți
Vă târâți decepționați;
Datori cu moartea cu toții sunteți!

MURITORI ASCUNŞI

Mă îndrept spre munți
Vreau să fiu aproape de cer
Poate văd ce secret-ascunde,
Poate văd unde dispar muritorii.
Drumul mi-a fost binecuvântat.
Nu găsesc linişte în paşii făcuți;
Trece ziua, trece noaptea
Nu mai refuz să mor
Vreau să văd ce-i în spatele cerului.

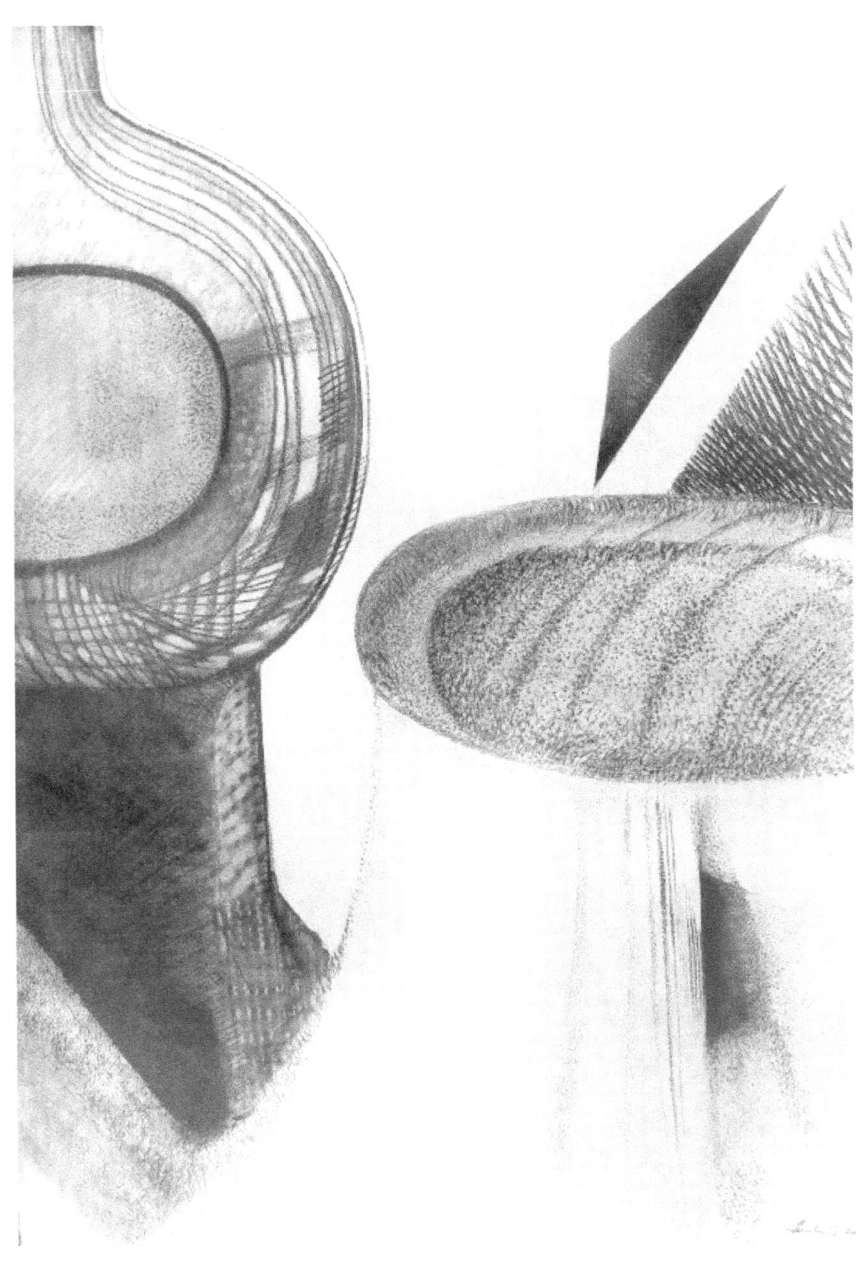

UMBRELE

Umbre de copaci dansează în noapte,
Ecouri de gemete se-aud din depărtare.
Vibrează inima ca-n mort.
Urletele îşi pierd puterea,
Transformați din vrajă
Se sălbăticesc ca ulii
Suflet ursuz,
Leagănă-ți trupul ca umbra.

VENERARE

Admir ochii-ţi încercănaţi,
Cu drag privesc în faţa lor
Sclipind a rai şi mirosind a iarbă...
Mă transpun în loc celest.
Admir cum zâmbetul tău cald,
Cu gingăşie-mi mângâie obrazul
Şi dinţii ca de porţelan îmi muşcă auzul.
Nu ştiu ce văd sau dac-aud bine,
M-ai eclipsat pe de-a-ntregul.

SACRIFICIUL NOPȚII

Căutând chipul lui Dumnezeu
Unii și-au împuns carnea cu ace
Să reziste nopții, să nu-și uite scopul.
Templul e plin de sânge,
De cei care au îngenuncheat prea mulți ani;
Sângele curge pentru că și-au pierdut cărarea
Și gol întunecat s-a făcut în suflet.
Ridică-ți privirea, privește lumina,
Nu vezi că a fost luminată
Tocmai poteca ta?

PRESCHIMBARE

Toamna şi-a pierdut strălucirea
Frunzele-şi ascund otrava
Păsările înveninează cerul
Muşcătura se vede cumplit.
Cuvintele usucă înăuntrul
Viermii alungă şerpii
Suflet tulburat fără lumină
Aduce gerul mistic.
Furtuna aduce mânia
Pielea se înveleşte cu umbră
Vraja topeşte fulgerele când le atinge.
Preschimbarea Totului e în lumină.

SINGURUL FĂRĂ NUME

Stelele au împânzit cerul,
Licuricii se joacă sub privirile noastre...
Cum să nu-ți sărut mâinile
Când ele sunt ocrotitoare?
Cum să nu-ți dau nume
Când ochii tăi de rele mă feresc?
Căci Dumnezeu te-a făcut înger
Dar dintre toți, ești singurul fără nume!

FORTĂREAŢA

Ca un barbar, ţi-ai sculptat o fortăreaţă,
Cu îndemânare diabolică ai triumfat!
Zidurile cetăţii nu te-au oprit,
Lacătele, lanţurile cu o scânteie le-ai strivit,
Prin fumul dens ai alergat
Freamătul pădurii te-a hipnotizat;
Dezlănţuita mare te-a făcut să tresari.
Glasul fantomei te-a înspăimântat
Ţi-a povestit de bătăliile trecute
Când luptele îi făceau prizonieri
Şi erau trimişi în derivă pe ape adânci
Împotriva otrăvii înghiţite nu se puteau împotrivi...
Hemoragia îi panica
Coctailul aducea moartea...
Nu mai bea!

FLACĂRĂ ÎN AGONIE

Ai devenit impostor
Te minţi chiar şi pe tine,
Ţi-ai trasat destinul în vanitate
Vei plânge după puritate.
Agonia nu-ţi va fi satisfăcută
Nu vezi? Şi flacăra arde ciudat.
Călătoria duce către moarte,
Mândria te va face să te-neci...
Atunci ochii ţi se vor închide pe veci.
Ce vezi atunci când mă priveşti?
Ce gust au lacrimile?
Ce simţi când glasul îl asculţi?
Te-ar răni întoarcerea privirii mele,
Sau dacă în urmă aş rămâne?
Briza şopteşte suspine,
Timpul opreşte bătaia inimii,
Soarele apune, străzile-s pustii...
Eu ard, tu cu petrol mă stingi!

DRAGOSTE ÎNCĂTUŞATĂ

Trăiesc ecourile timpului
Şoptindu-mi amara pomenire,
Răceala amintirii trecute
Dragostea a dispărut pentru totdeauna.
M-aş odihni în braţele tale,
În nopţi pierdute
M-ai alinta cu vorbe calde,
M-ai lumina cu strălucirea ta...
Lacrimi amare nu ar exista,
Nebunia ar dispărea;
Devenit rege personal
M-ai încătuşa
Asigurându-te că doar ţie
Pe de-a-ntregul îţi voi aparţine.

DESCENDENȚI BLESTEMAȚI

Voci îndepărtate suflă rece peste noi
Nu-mi aparțineți...
Așa cum nimănui nu aparțineți.
Glasul oricum nu mi-e cunoscut.
Mă-ndrept spre ani, fugind de timp,
M-apropii de casa ce m-așteaptă
Dorul să mi-l duc în liniște,
Regulile s-au întors împotriva obiceiurilor,
Cărțile au ajuns să se târască către nemurire,
Lumea umple spațiul cu amăgire.
Ucid zeii muribunzi!
Dansează blestemații
Creând descendenți ai acestora.
Viața se rotește fără succes,
Nimeni nu va fi câștigător.

EXIL

Semne rele aduce statueta ciuruită,
Unghii căzute şi gloanţe sub perete
Amintesc asediile din trecut.
Baricadaţi, respirau prin spărturile din zid;
Şocul dureros a fost simţit
Când au fost zdrobiţi sub scările construite de ei;
Huliţi de grosolani
Au devenit nişte pulbere cadavre;
Glasul raţiunii a prins gust dezgustător,
Imaginea cumplită a fost stropită cu apa din fântână,
Apa plină de gângănii avea miros îngrozitor
Elixirul celor vii este exilul.

MORMINTE DE FLUTURI

Dă-te din calea mea!
De ce mi-ai încurcat mersul?
Picioarele nu știu unde să-mi mai calce,
Cine crezi că-ți va presăra flori proaspete pe mormânt?
Nu vei simți împlinire că m-ai oprit!
Vei fi secătuit...
Nu vei fi urmat,
Surprins de plecăciunea celor din jur
Vei îngenunchea
Atunci când vei fi tu cel oprit!
Mersul și-a pierdut din eleganță,
Chipul și-a pierdut din transparență,
Ochii și-au modificat privirea
Farmecul din ei treptat s-a stins.
Pe obraz lacrima nu s-a mai prelins,
Furtuna ne-ajunge din urmă
Nu știu dacă mai prindem amurgul împreună.
Fluturii ard în flăcări
Mormântul să li-l pregătim.

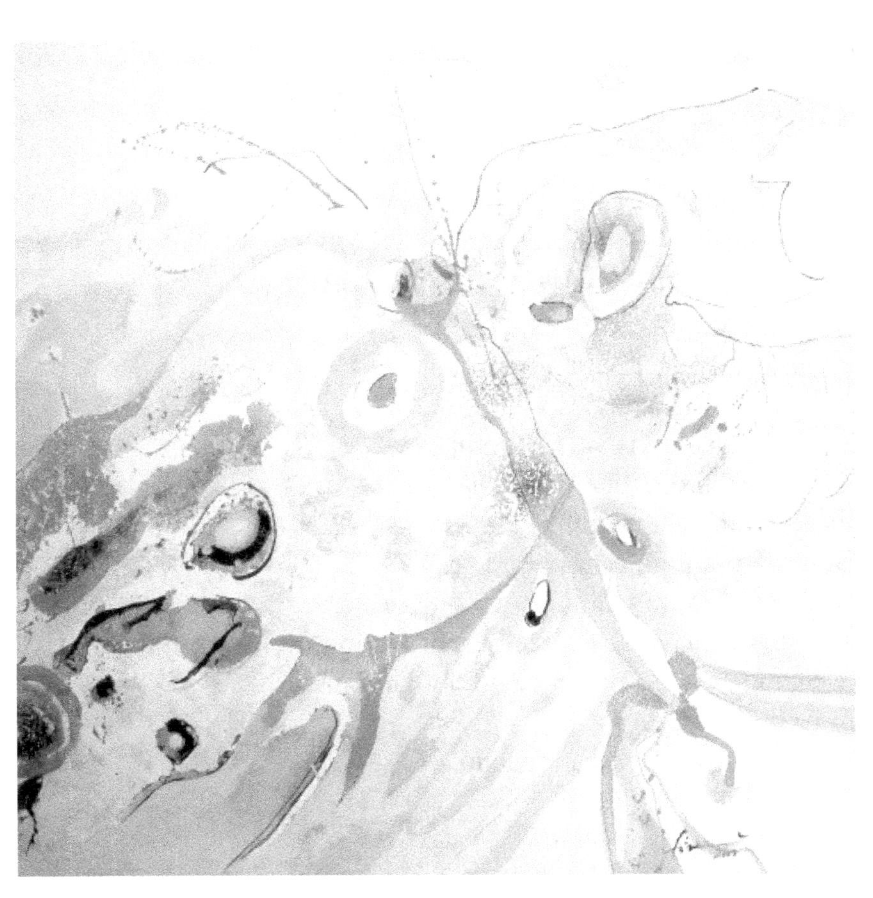

FERICIRE ÎN TRAVALIU

Spui că Dumnezeu te-a decepționat?
Dar de câte ori ai făcut-o tu
Înaintea Lui bineînțeles?
Ți-ai grăbit moartea
Înainte să primești viața veșnică.
Ai șters cu mâna ta destinul,
Ți-ai găsit de bună voie sufletul,
Acuzi pe cei din jur fără noimă,
Credința ți s-a atrofiat,
Durerea ți-a întunecat inima!
Fericirea e în travaliu
În timp ce încearcă să urce pe pământ înalt!
Binecuvântează-i pe cei ce nu pot lăcrima,
Infertil ți-e trupul,
Nu are cum să crească rădăcini,
Ascunde-te în amintiri!

SUFLET OGLINDIT

Sufletul s-a pierdut în hău,
Libertatea cu gust amar
Ți-a oglindit adâncul,
Iar cruda omenire
Ți-a schilodit trupul în sălbăticie.
În taină îți ascunzi povara,
Turbarea nebună te face profund,
Te face să simți splendoarea cumplită;
Lupta seculară te lasă neîmpăcat.

RAI ÎNTUNECAT

Degetele îmbibate în scrum,
Picioarele ascunse în cenuşă,
Mirosul duhneşte a moarte.
Mă odihnesc la asfinţit de soare...
Marea învolburată ascunde comoara nepreţuită,
Sabia dă foc călătorilor pierduţi,
Nălucile pierdute se văd în zare,
Înfometaţii şi-au pierdut traseul,
Imperiul a rămas pustiu,
Raiul a rămas în beznă,
Scoate călimara şi pictează-l în culoare!

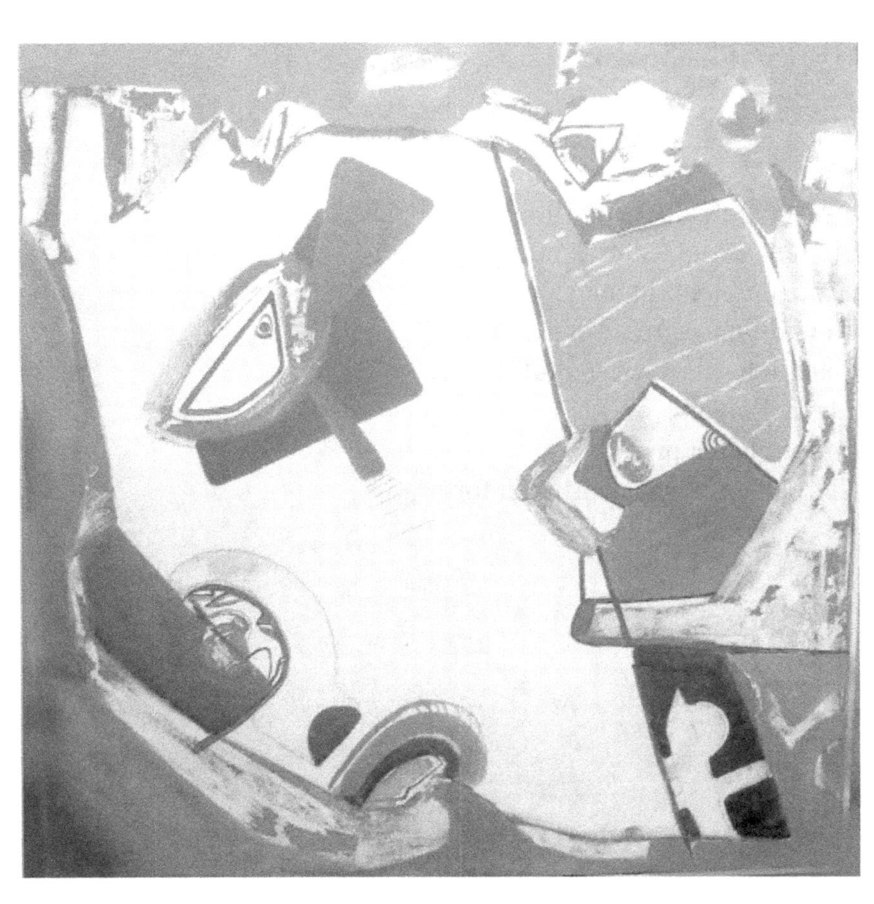

SIRENE FLĂMÂNDE

Străvechiul aduce inimii înțelepciunea,
Sirenele cântă celor ce nu au speranță
Cântă cu biciul în mână
Topind fără regret testamentul.
Flămânde, cutreieră largul
Atrase de viață
Poftesc la cei pierduți.
Netrebnicii sfârșesc prin a fi torturați.

CLOPOTE

Îți aparține viața?
De ce verşi lacrimi pentru răposați?
Cine se va încovoia pentru tine?
Amar te-aşteaptă frământarea,
Clopotele aduc vibrația.
Înăbuşit de necredință
Zdrobit de glasuri urlânde
Nu-ți simți inima bătând.
Clopotul bate.
Cine plânge pentru tine?

COCONII

Eşti zbuciumat
Păcatul te apasă
Cerşeşti căinţa
Mărturisirea te frământă
Vraja ascunde remuşcarea.
Atras de iad
Muşti acel sân înveninat;
Otrava înghiţită
În vierme te preschimbă.
Vlăguit de vreme
Guşti focul din eternitate;
Credeai că scapi de lanţuri
În abur te preschimbi.
Lacrimi amare verşi neîncetat,
Căci omenirea ai trădat-o!
Te zbaţi şi te târăşti...
Istoria, uite-o cum s-a repetat.

IMPOSTORI ÎN AGONIE

Tragedia vieții se consumă sub viziunea privitorilor.
Întoarce-mă din drum,
Sunt într-un abrupt declin.
Aş zbura departe de executorii fără compasiune,
Ce contează adevărul?
Ascunşi în beznă veți fi mereu.
De ce nu întâmpinați cu demnitate frica?
Impostorii se mint, vor trăi etern în vanitate
Nebunia satisface agonia.

AMINTIREA FLORILOR

Zăpada s-a înnegrit de timp,
Treptat şi râsul ni s-a murdărit.
Cerşindu-i lumânării lumina,
Mă rog smerită să nu fugă amintirea.
Mormântul va fi locul pentru lenevit,
Cimitirul cel pentru trudit.
Chinuit de asprul plâns,
Furtuna doboară.
Tinereţea stricată se-ascunde de teamă,
Groparul o-ngroapă de vie,
Povara alungă răbdarea,
Mirosul florilor încet se-ndepărta.

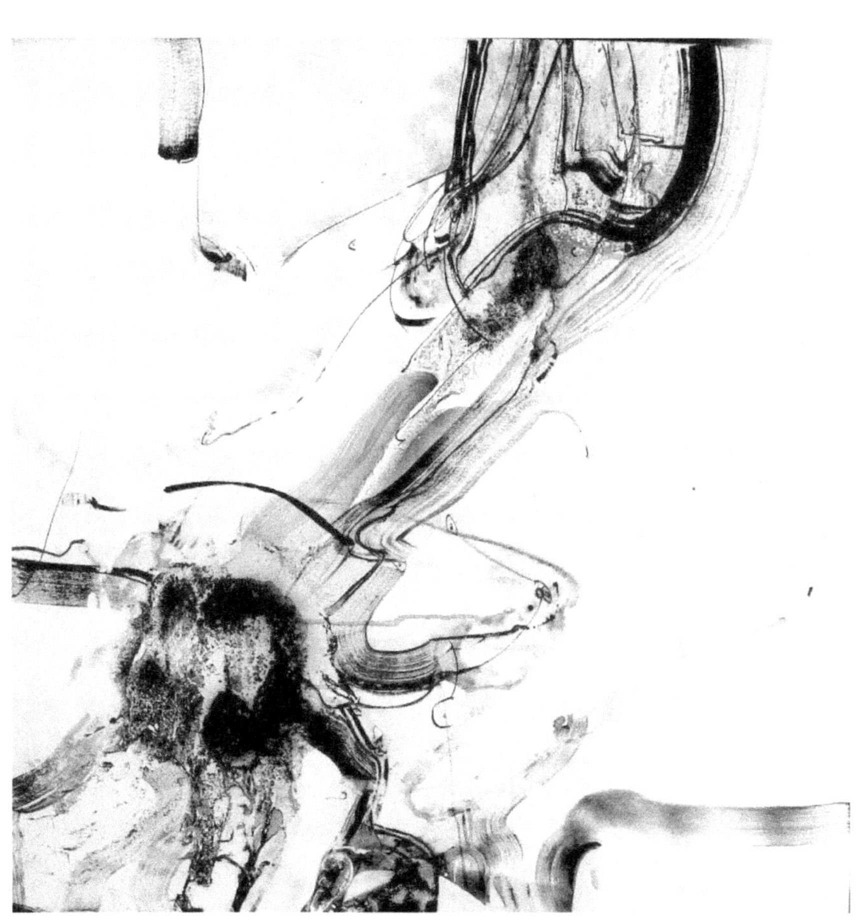

CARNAVAL TRECUT

M-ai uitat la carnaval
Sau m-ai lăsat de bună voie?
Aş fi dansat în ritm de beculeţe,
Mi-ai furat sclipirea!
Fanfara nu mai cântă,
Afurisita noapte
Nu mai aduce dimineaţa!
Muzica ai făcut-o nătângă,
Opreşte lanterna, lumina s-o stângă!
Chipul tău a rămas fără glas...

TĂLPI BICIUITE

Priveşte oglinda neclară
Fiinţe cu aripi legate
Se zbat să evadeze de pe punte,
Nu ştiu unde aleargă.
Batjocuri neîncetate,
Drumeţii fără milă
Biciuiesc tălpile
Săgetându-le umerii uscaţi.
Şchiopătând spre zări umbrite
Fiinţele îngenunchează,
Palmele cicatrizate
Mângâie pământul caraghios.

NOBLEȚE PIERDUTĂ

Te plictisește liniștea,
Te-nviorează frica,
Asculți mulțimea fioroasă
Ce și-a pierdut noblețea.
Tronul ți-l cauți!
Ce mai contează unde îl clădești?
Vrei iadul, raiul
Să ți se închine la picioare!
Caută-ți lăcașul!
Nu uita că ești doar o ființă pieritoare.

ŞOPTIND CULOAREA

Plutesc printre păpădii uscate,
Privesc cu ochii-nchişi spre soare.
Gândul zboară spre locuri uitate,
Vreau să ating zăpezi nepătate.
Degetele miros a călimară,
Cuvintele transmit parfum de hârtie,
Ecourile aduc culoare
Vraja se răspândeşte, iar eu apun.
Ghețarii topesc oglinda,
Grădina se usucă de vegetație,
Îngerii cântă şoapte.
Adormită, încă privesc grinda!

CIUMAȚII DIN URMĂ

Şi plictisit de vreme
Mă-nfricoşează timpul...
Blestemi ziua în care monstru ai devenit!
Dezgustat de ură
Ai ajuns chiar tu să fii ciumatul.
Mizeria ai ales-o
Calvarul ai ajuns să îl trăieşti!
Animalul calcă cenuşa în picioare,
Perfizii şterg urmele lăsate-n urmă.

REGELE

Mă-nvârt şi caut lebăda
Ce cu răbdare dezmierda întreaga zi.
Cum să înfrâng destinul lipsit de culoare?
La vânătoare cine mă-nsoţeşte?
Necruţătorul rege
Păstrează spada veştejită de timp,
Aşteaptă războinica lebădă
Să-i cânte pe lac în ziua de plecare.

BESTII RUŞINATE

Fugi jalnic de fierbintele subteran,
Te zvârcoleşti ca stafia laşă
Mâniat pe moarte, zâmbetul ţi-l ştergi.
Înfiorat de tirania ce te înconjoară,
Te rogi să fii lăsat să-ţi spui un ultim jurământ
Sperând să se înduioşeze,
... capul să nu-ţi fie retezat.
Energia e doar o vrajă din trecut,
Ruşinea o otrăvea cu preziceri false,
Trufaşii dădeau năvală peste duhurile stranii;
Soarele ne-a părăsit,
Minunea nu a mai lucit,
Bestiile s-au încuiat în cavou,
Demonii au oferit văpaia lumii-ntregi cadou.

MONSTRU CREATOR

Osul e cioplit de literă,
Viața şi iubirea o inspiră
Stânca nu ar plânge niciodată,
Nici inspirația nu ar fi adevărată.
Oglinda tulburată
În ea lumina demult nu se mai vede,
Nici treptele nu se mai înalță,
Picioarele au devenit în timp de gheață.
Monstrul păgân se-ascunde sub soare,
Dar mâinile nu uită să rămână creatoare.

CARTE PROTEJATĂ

Mi-ai închis ochii
Pe când pe stradă mă plimbam
Vântul m-a împins către stânci,
Cartea am încercat să n-o strivesc,
Lumina nu a mai intrat în ea,
Literele s-au transformat în răni adânci.

AVENTURA POVEŞTILOR

Departe, dar totuşi nicăieri
Pământul, izvor de viaţă
Ne-aduce anotimpul
În care ne-am născut.
Bătrâni în trup de inocent
Sau chip de înger scump iubit de toţi.
Ce puritate mai complexă vezi cu ochii
Decât un început de existenţă?
Eşti martorul poveştilor fără sfârşit
În care fiecare-şi începe aventura sufletească.

BACOVIANĂ

Negru peste tot
Sumbru, calm, dar trist
Iar corbii vin lin din nevăzute zări
Să îmi alunge negrul vis!
Stau şi văd cum nori de fum
Încet mă înconjoară…
Veşnic stau să văd cum plâng
Nebunii-n cimitire…
Încet toţi mor
Şi vor dormi în cimitirul gol
Simţind frigul din sicriu
Şi le e dor...
Negri suntem toţi
Cu lacrimi de amar,
Însângeraţi tăcem,
Iar gândurile negre
Vor dispărea…
   …pentru eternitate…

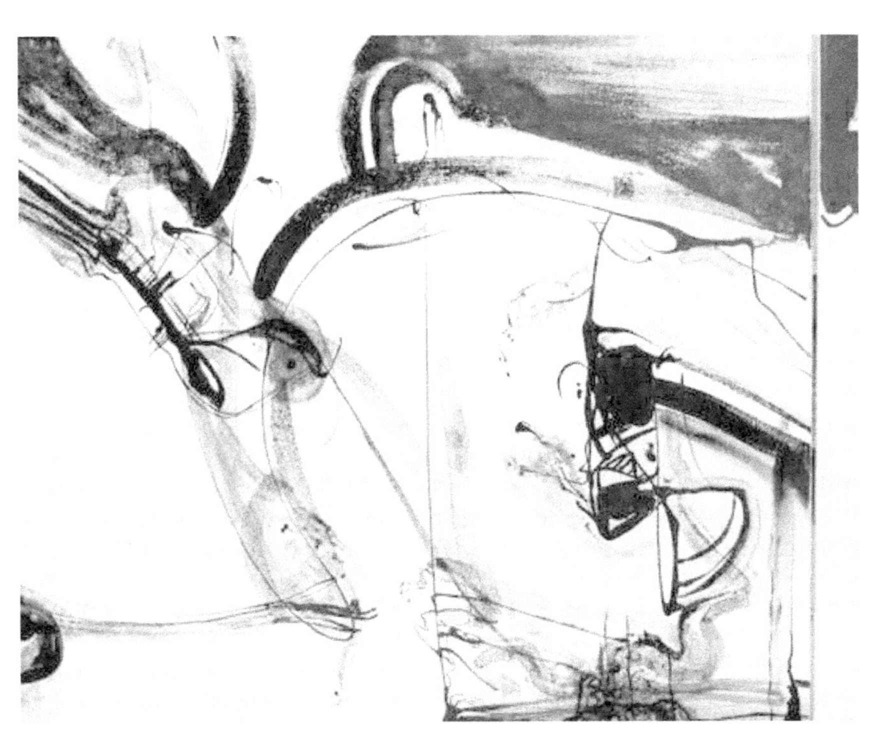

CULORI ÎNLĂCRIMATE

Privesc cum îngeri aruncă peste cruci înghețate
Lacrimi ce se înfig în spinii din jurul mormintelor...
Cine poate merge să le alunge suspinele?
Umbrele acoperă trandafirii ofiliți,
Visul trecut mi-aminteşte şi de îmbinarea culorilor…
        …lacrimilor sângerânde…
Mă uit la muta piatră…
Şi amintirea-mi spune de veşnicia ce-am trăit-o.
Acum se apropie toamna… palida aripă adusă
De timpuri trecute şi reci.

RĂTĂCITOR

În adâncimea grea din mine…
    Se-aud suspine şi suspine
    A unor flăcări rătăcite
    De suferinţe pătimite.

Oceane de zbucium ai în suflet...
Hotare lungi ai străbătut...
Cât de întins ţi-e timpul până-n capăt,
Cât de puternic cu-adevărat te simţi?

RENEGAȚII

Am auzit cum lumea a început să plângă...
Gândurile i-au abandonat la casa părăsită,
S-au născut din agonie
Umezeala vremii i-a înfometat
Comoara nu i-a încălzit...
...nu i-a înviat nici pe cei renegați!
Viitorul și-a adus trecutului datoria,
Plătiți-o cu viața.

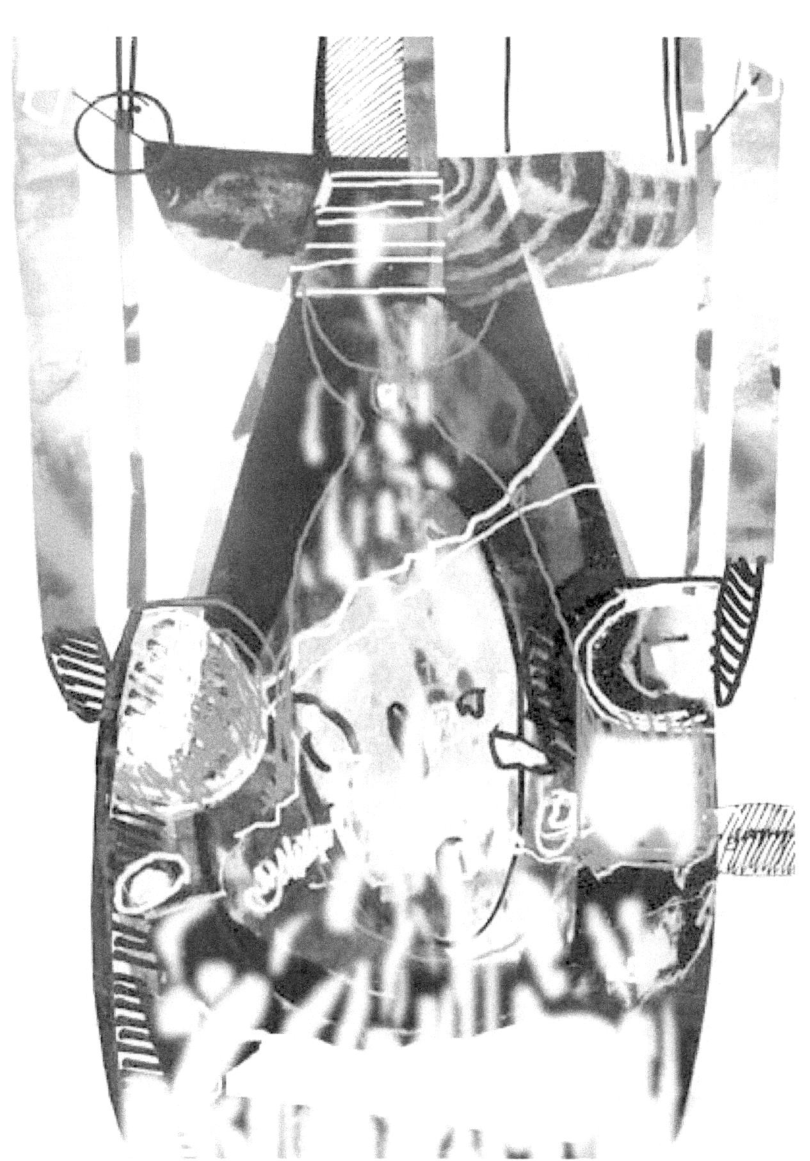

DEZOLARE

Văd nebunia omenirii...
...nepăsarea lor...
...ființe pustiite...
...dispar neprivind nicicând în jur.
Sunteți condamnați la vicii,
Sunteți îmbibați cu necreație
Și libertatea a ajuns un obicei.
Dar ce minciună!
Nici moartea nu vă poate scăpa.
Călătorind veți regăsi liniștea!

RĂMAŞI ÎN URMĂ

Pustietatea e o explozie...
O explozie ce a şters de pe faţa pământului
...tot...
Ce a lăsat în urmă doar cenuşă
Un peren deşert înfometat de mizerie.
Întins pe jos la crepuscul
Priveşti spre Universul întunecat,
Respiri aer închegat cu praf.
În linişte asculţi strigătele sufletelor morţilor.
Imagini înfiorătoare şi frapante
Traumatizează sufletele oamenilor care suferă.

CÂNTAREA NOPŢII

Ţi-aş săruta piciorul
Ce ţi l-am spălat cu mosc,
Dar te privesc vrăjită
Cum gura ta vorbeşte
În limbi necunoscute,
Iar ochii îţi sticlesc a oază nevăzută...
Veşmântul auriu
Împrăştie mirosul deşertului neîmblânzit şi leneş,
Iar eu buimacă de atâta farmec
Mă balansez ca-n leagăn de copil
Şi-ţi cânt ca şerpii visători
Despre gheţarii neatinşi.
Încet tu te-nconvoi,
Balsamul vocii mele
Îţi relaxează gândul,
Iar tu, ca pânza ce se-ntinde
Te-apleci lângă mine
Şi îţi aduci aminte
Privelişti demult apuse.

POVEŞTI SCHILODITE

Pe bolta cerească sclipesc licurici
Ce triste în şoaptă poveşti ne vorbesc
Despre albastrele timpuri şi crude cu viaţa...
Au schilodit cu toată forţa
Nu numai omul,
Dar şi piatra.
Mârşavii au căutat averea
Şi marea-mpărăţie!
Dar otrăviţi fiind,
N-au cunoscut decât nesaţul şi pălirea.
În timp, păcatul le-a fost faimă,
Oglinzile din cer
Mărturisind povara mulţimii însetate...
Desfrâul le-a şters mântuirea
Şi i-a făcut cu spaimă să privească.

PÂNTEC ÎNVENINAT

Ne-a murdărit cu vorba
Şi sufletul l-a umilit,
Nepăsători şi putrezi
În duhoare ne-a azvârlit,
Veninul, din pântec a ieşit.
Scrâşnind amarul rece
Bocind cu jale hoitul
Simţeau înăbuşirea;
Mirosul neascuns i-a acaparat,
Dar zumzetul puternic din cer coboară
Iar trupuri zdrenţuite,
Curajul şi-l încearcă.
Cu pumnii lovesc în ziduri
Urlând ca nedreptatea sub formele ascunse
Să se evapore ca apa pe caniculă.

LUMINA COLORATĂ

Izvorul curgător şopteşte-n ritm de vară
Poveşti sfârşite dar care vor începe iară,
Când îngerii şi ciocârliile coboară
Iar liniştea se lasă înspre seară.
Nepreţuitele comori se-ascund în strălucire,
Căci ele se oferă doar când există cu adevărat iubire.
Iarna când tot în jur se face gheaţă
Somnul oferă milă şi speranţă,
Strălucirea nesfârşită arată chiar şi luna pe cerul însorit
Cu demnitate înseninează ziua şi soarele înroşit.
Pupila micşorată se simte răsfăţată,
Natura colorată se luminează.

VIZIUNE FĂRĂ SPIRIT

Când vocea şi-a pierdut puterea
Ai rupt aroma oglindită.
Ţi-aş porunci să ştergi din săraca fericire,
Să torni cuvintele vrăjite în pahar,
Fă incantaţia...
Vorbele să se târască!
Spiritul înghite viziunea...
Distruge templul ridicat
De săgeţi ucigătoare şi iluzii banale!

AMINTIRE PARFUMATĂ

Mustrarea din noapte
Mormântul slujeşte,
Iar patul de piatră
Parfumul opreşte,
Scânteia aprinsă arată apusul frumos,
Sunt grija ta, iar tu a mea,
Ne doare dezmierdata amintire.

ADEVĂR TĂCUT

Minciuna aleargă ca nebuna,
Iar adevărul se îndreaptă cu paşi lenţi
Spre punctul de oprire a minciunii.
Cu zâmbet cald arată inocenţa,
Teribila minciună perseverează în nedreptate,
Răneşte orice om apare-n cale.
Nesiguranţa înflăcărează disperarea,
Dar adevărul se apropie...
Minciuna răcneşte, adevărul tace!
Neadevărul a obosit, nu mai are vlagă,
Veridicitatea ia cuvântul şi se înalţă măreaţă
Peste întreaga întunecime.

FUGĂRIȚI

Dispare basmul cu amintirea,
Vântul ne șterge nemurirea
Strigând la cântec să nu se oprească.
Simțim apropierea îngerească...
Disprețul celor din morminte
Ne fugărește către nicăieri,
Mârșavii sapă ascunzând comori și diamante,
Iar noi îi luminăm adesea cu lumânări.
Orbiți de demoni se-ntreabă dacă-s fermecați,
Cu toate astea rămân la fel și se simt încântați.

ÎNGERI BLESTEMAȚI

Din tot ce este
Nu a rămas decât tăcerea nopții...
Gândurile vieții, cuvintele efemere
Comunicare goală fără rost...
Îngeri cu aripi lovite,
Blestemați de cei nestăpâniți
Pe propriul rug se spovedesc.
Goniți și-ncremeniți de lacrimi
Se-aud sinistre șoapte.
Pământul îi cheamă în negre adâncuri,
Cerul s-a întunecat de atâta secetă.
Plângeți mai mult
Caduc e totul!

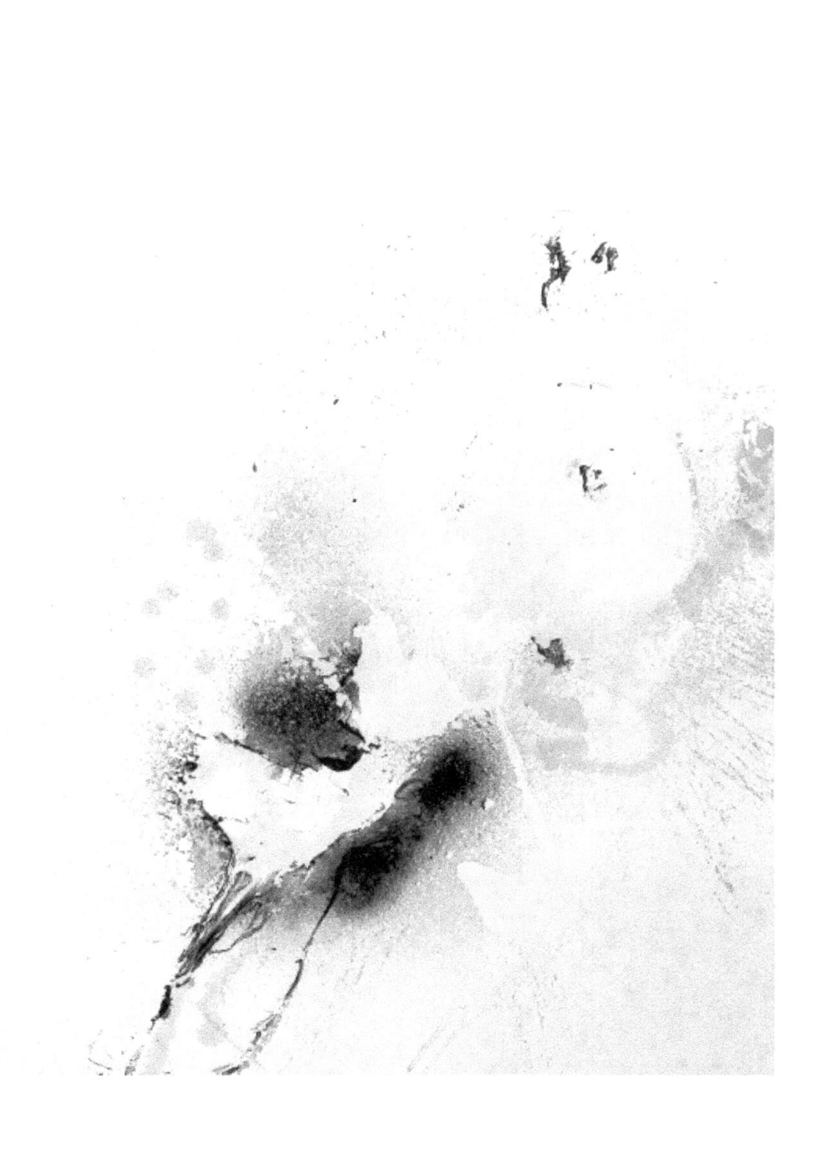

DEGETE PIERDUTE

Îmi pierd forma după ploaie...
Picurii dau tonul dansului,
Pulsul se înalţă în cercuri,
Degetele-şi pierd direcţia,
Înţelepciunea atinge orizontul neatins.
Măsor curcubeul apărut de nicăieri,
M-aş trezi privindu-l după moarte
Să-mi clătească ochii în culoare,
Teroarea să plouă-n armonie.

TĂLPI ARSE

Trăiesc eternitatea
În pântecele ei.
Lumânarea-mi luminează bezna,
Drumul se deschide către necunoscut,
Plăcerile mângâie văzul,
Bucuria încântă auzul
Picurii de ceară trasează drumul.
Parcurg un drum cerat...
Tălpile se adâncesc lăsând
Să se usuce forma lor.
De ce să mai simtă şi alţii arsura fierbinte?

AŞ MAI FI...?

Dacă aş dispărea pe tărâm necunoscut
Şi dacă darul nu ţi l-aş înapoia,
M-ai mai căuta?
Aş mai fi eu cea presus de sfinţi?
M-ai aştepta, m-ai căuta?
Ai îngenunchea dacă m-ai vedea cum mă apropii?
M-ai uita dacă aş dispărea?

STEAG DE RĂZBOI

Te plimbi printre obstacole!
De ce s-ar teme viziunea
De alunecările sau crăpăturile-ntâlnite?
Cu armura te-ndrepţi spre luptă
Cântând cu sabia-n mână.
Te-apropii de război
Şi steag din piele porţi fălos.
Târâş aduni armata
Şi strigi curajului să se închine,
Dar consumând tăcerea
În tine se răsfrânge;
Şi chiar atunci când te ridici
Războiul iar începe.

TICĂIT SFÂRŞIT

Osândit te supui damnării!
Ţi-ai înşelat credinţa,
Te-ai revoltat, treptat te-ai ofilit
Mâhnirea a triumfat!
Dezolant a putrezit culoarea.
Auzi ticăitul şi-aştepţi sfârşitul,
Te lamentezi ca nevoiaşii
Mizerabili şi nenorociţi...
Atinge fruntea de pământ şi roagă-ţi izbăvirea!

SUFLET AMUȚIT

Calvar zidit în aur,
Îndurerarea-ntemnițată-n flăcări,
Batjocuri împletite-n coronițe
Croind drum fermecător,
Țesând altare pentru răscumpărare
Monștri scuipă insecte de cristale.
Cioplind în carne, cauți tămâia,
Devii ruină, sufletul ți-a amuțit.

FĂRĂ TITLU

Miracol în noi
Sabia la voi.
Tunetul cântă în ritm de moarte,
Fulgerul străpunge viața!
Tronul promis aştepți să se coboare,
Şerpii infestați de boală
Te îmbrățişează...
...până ce clipirea ţi se stinge.

SPERANȚA ÎNECATĂ

Mângâie trupul schilodit;
Te rogi la nume pământesc
Cerul și-a închis intrarea.
Te temi de vise,
Fântânile ți-au înecat speranța,
Lumina și-a pierdut demult scânteia,
Ai promis întregirea!
Îmbrățișează bestia-nfometată.

UNA CU PĂMÂNTUL

Priveşti focul ce ţi-a înăsprit mintea,
Genele bătătorite nu se mai pot închide,
Ochii ruşinaţi se usucă,
Păianjenii îţi cos pânza-nvelitoare
Se lasă rece, eşti prins
... devorat, devii pământ.

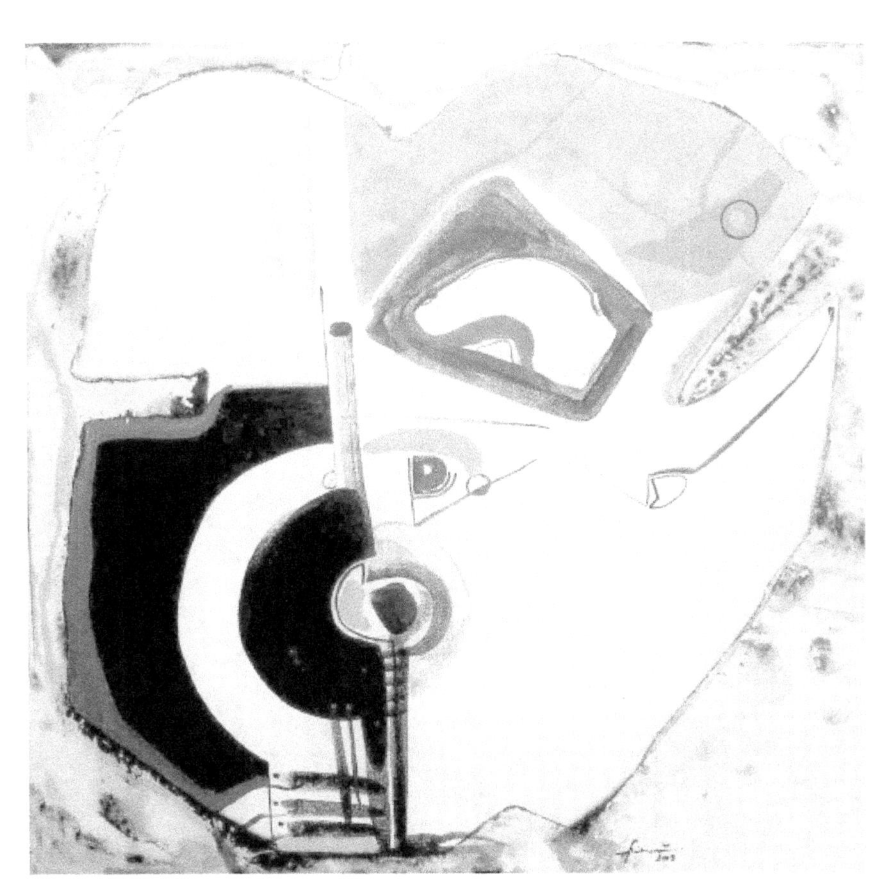

NENOROC

Trupul s-a ascuns de nenoroc.
Urmăritul fumător
Lasă dâre în destin,
Nici suspinul n-are loc
Fermecat de gândul negru,
Aleargă obosit spre nenoroc.

TÂLHARUL

Ai tâlhărit fără conştiinţă
Noaptea de soare!
Umbra de lună se plimbă
Spre finalul apocaliptic.
Turbat de primejdii
Oasele se descărnează,
Forţa lumii nevăzute
Atrage copiii nevieţii
Să tâlhărească viaţa tâlharului.

CORBII

Sinistru e cerul,
Corbii ciupesc din pene.
Ce gând bolnăvicios să aibă?
Se îngână unul pe altul
Cumplită durere.
Învață omul să-şi sfâşie viața!
De teamă că râia-i mănâncă,
Au ales să se ardă de vii.

PORTRET ÎN OGLINDĂ

Oglinda spartă ascunsă-ntre spini
Arată pe cel care zace-n pământ;
Vântul adie şi-alungă mirosul.
Miros de neviaţă
Cumplita oglindă n-ascunde portretul
Nici ochii trişti nu se mai văd de zid...
Zid ridicat între oglindă şi cel zăcut.

ELIBERAREA

Vis ruinat
Iadul atrage.
Lumina orbită
Întunericul joacă.
Dricul pregătit de drum
Blestemul opreşte.
Întoarce oglinda
Deschide sarcofagul.
Eliberează călăul!

RADIOUL OPRIT

Împinsă de timp în zidul ascuns
Clipesc mai des,
Bezna orbeşte ochiul
M-aplec peste masă
Ating hârtia...
Craniile privesc orbite
Pagini nescrise.
Tremur de spaimă
Buzele simt vibraţia de zgomot
Înfricoşat, radioul se opreşte.
Cocioaba mică
Tulbură şi şobolanii ieşiţi din mocirlă.
Creaturile bântuie Paradisul,
Iar zidul ascuns fereşte siluetele tatuate.
Urletele de lupi nu se mai aud
Obloanele-s definitiv închise.

OPERA DE ARTĂ

Cascada spală străzile pustii
Explozia a stins-o.
Sălbăticiunile furioase şi-au pierdut glasul
Lumina a murit când în calea-i,
Ploaia torenţială a dezmembrat capcanele.
Oraşul murdar s-a curăţat de fum,
Ceaţa a îndepărtat mirosul de scrumieră,
Cioburile sticlelor sparte s-au împrăştiat
Prin crăpăturile canalizărilor.
Totul a ajuns o epavă,
Dar acum arată lumea a operă de artă.

CULCUŞ LÂNGĂ ASTROLOGI

Mă zbat pe nisip înfierbântat,
M-a prins în vâltoare,
Soarta slută mi-a orbit degetele...
Miros noaptea ce vine,
Mă prinde în capcană.
Strâmtoarea-i blestemată,
M-afund în beznă
Şerpii încolăcesc gleznele.
Astrologii n-au prevestit finalul,
Mi-aş fi făcut culcuşul lângă ei.

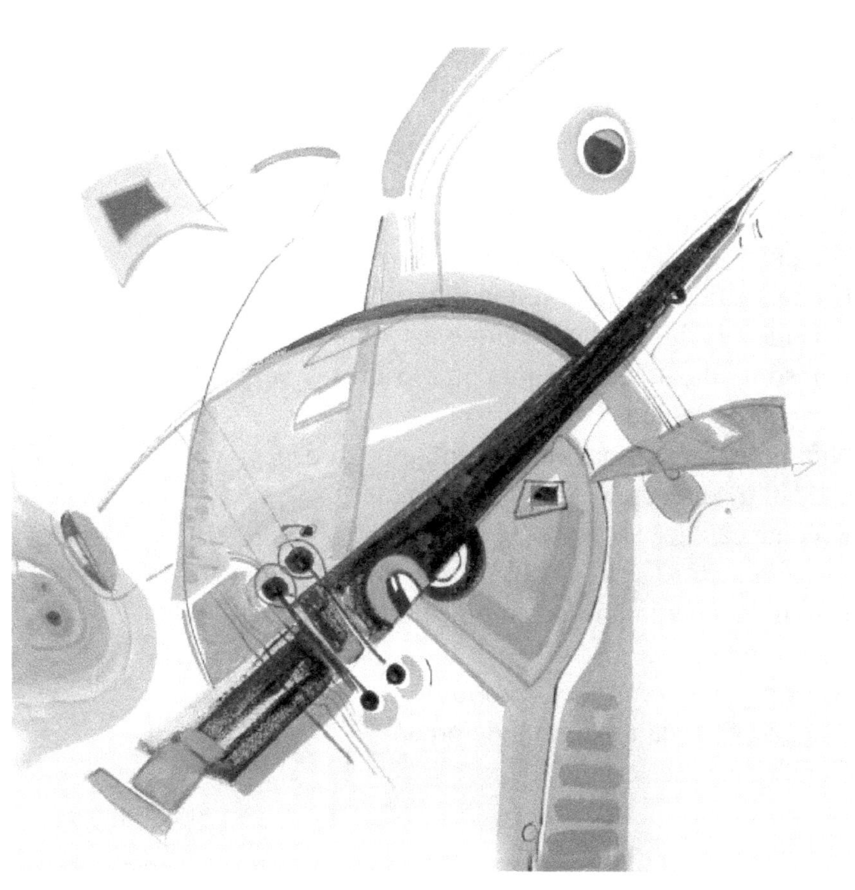

PLUTON DE EXECUȚIE

Te zvârcolești ca șarpele în convulsii,
Ai spălat scheletul cu venin,
Cu pânze de păianjen l-ai învelit
Pătruns de frig semănai cu un blestemat,
Din somnul cataleptic, ființa nu se ridica.
Din prăpastie nu te înalți,
Nici holograma morților nu o mai poți vedea,
Corpul ți se răcește plin de sudoare...
Credeai că dacă savurezi peyotlul
Vei uita de masacrul văzut.
Praful de tencuială îți schimbă culoarea pielii
Ca un frenetic...
Ai fugi pe plutonul de execuție,
Să cazi răpus ca un animal de pradă
Gemând a moarte.

A DISPĂRUT SPAȚIUL

Nu am nici dreptul să mor
Cum nici dreptul de a trăi nu îl am!
Te leagă, funia de gât ți-l pune
Și-ți cere să supraviețuiești.
Societate fără respirație
Sistem fără sânge
Lume îngrădită-n zid
Din bolovani negri clădiți!
Când încercam s-ascult
Nu am simțit durere
Am lăsat-o în urmă,
Stelele m-au binecuvântat
Și mi-au împietrit trupul.
Acum între mine și stele nu mai există secrete,
Între mine și stele a dispărut spațiul.

CUPRINS